BEITRÄGE

AKADEMIE FÜR RAUMFORSCHUNG UND LANDESPLANUNG

BAND 42

Raumordnung und Regionalplanung
in europäischen Ländern
1. Teil

HERMANN SCHROEDEL VERLAG KG HANNOVER 1980

CIP-Kurztitelaufnahme der Deutschen Bibliothek

Raumordnung und Regionalplanung in europäischen Ländern. — Hannover: Schroedel

Teil 1 (1980).
  (Veröffentlichungen der Akademie für Raumforschung und Landesplanung: Beitr.; Bd. 42)
  ISBN 3-507-91728-9

NE: Akademie für Raumforschung und Landesplanung
< Hannover > : Veröffentlichungen der Akademie für Raumforschung und Landesplanung / Beiträge

Anschriften der Autoren:

Dr. *Frank Werner*
Osteuropa-Institut, Abt. Landeskunde
Zentralinstitut 1 (ZI 1)
Freie Universität Berlin
Garystraße 55
1000 Berlin 33

Professor Dr. *Karl Stiglbauer*
Institut für Geographie
Universität Wien
Universitätsstraße 7
A-1010 Wien

Professor Dr. *Martin Lendi*
Institut für Orts-, Regional- und Landesplanung
Eidgenössische Technische Hochschule Zürich
CH-8049 Zürich - Hönggerberg

Professor Dr. *Gabriel Wackermann*
Universität de Haute-Alsace
12, rue d'Alsace
F—68100 Mulhouse

Professor Dr. *Carl-Heinz David*
Abt. Raumplanung
Fachgebiet Rechtsgrundlagen der Raumplanung
Universität Dortmund
Postfach 500 500
4600 Dortmund 50

Dr. *Hans-Erich Gramatzki*
Osteuropa-Institut
Zentralinstitut 1 (ZI 1)
Freie Universität Berlin
Garystraße 55
1000 Berlin 33

Best.-Nr. 91728
ISBN 3-507-91728-9
ISSN 0587-2642

Alle Rechte vorbehalten · Hermann Schroedel KG Hannover · 1980
Gesamtherstellung: Druckerei Emil Homann, Hannover
Auslieferung durch den Verlag

INHALTSVERZEICHNIS

		Seite
Frank Werner, Berlin	Die Raumordnungspolitik in der DDR	1
Karl Stiglbauer, Wien	Raumordnung in Österreich	7
Martin Lendi, Zürich	Raumordnung in der Schweiz	16
Gabriel Wackermann, Mulhouse	System der Raumordnung in Frankreich	29
Carl-Heinz David, Dortmund	Raumordnung in Großbritannien	49
Hans-Erich Gramatzki, Berlin	Die Regionalpolitik der UdSSR	58

Raumordnungspolitik in der DDR

von
Frank Werner, Berlin

INHALT

Vorbemerkung

I. Institutionen und rechtliche Grundlagen

II. Raumordnungspolitische Ziele

III. Planungsinstrumente

IV. Ausblick

Vorbemerkung

In der DDR wird stets der Begriff „Territorialplanung" verwendet. Er leitet sich von der wirtschaftlichen Planung her, erweiterte sich jedoch auf eine umfassende Raumordnungspolitik hin, sodaß beide Termini heute als Synonym gelten dürfen. Regional- und Gebietsplanung bezeichnen dagegen die Raumplanung für ein bestimmtes Gebiet. Die Kenntnis der Raumordnungspolitik der DDR beschränkt sich, wie alle Forschung über und in sozialistischen Staaten, im wesentlichen auf die veröffentlichten Rechtsvorschriften [1].

I. Institutionen und rechtliche Grundlagen

In der DDR existiert kein spezielles Raumordnungsgesetz. Die Raumordnungspolitik basiert materiell und verfahrensmäßig auf zahlreichen Aussagen und Vorschriften aus verschiedenen Bereichen. Sie liegt in der Gesamtverantwortung des Ministerrates, dem auch Entscheidungen über große Investitionen und Raumplanungen (z.B. der Stadtzentren) vorbehalten sind. Sie liegt in der Staatlichen Plankommission (SPK), der die großräumige Verteilung der Produktivkräfte, d.h. von Arbeit und Kapital, von Infrastrukturen und Investitionen obliegt. Die Raumordnungspolitik hat jedoch in ihrer Arbeit nur geringe Bedeutung und ist der Sektoralpolitik sehr deutlich nachgeordnet [2].

Die Raumplanung der zentralen und der „örtlichen Organe" [3] ist nach dem Prinzip des demokratischen Zentralismus verbunden: Die Bezirksplankommissionen sind doppelt unterstellt, sowohl dem Bezirkstag und -rat als auch dem zentralen Fachorgan, der Abt. Territorialplanung der SPK [4].

Die Raumordnung ist planmethodischer Bestandteil der systematisierten, nach Wirtschaftszweigen und administrativen Gebieten gegliederten mittelfristigen volkswirtschaftlichen Perspektivplanung (Fünfjahrespläne). Es existiert ferner die prognostische Planung über ca. 15 bis 20 Jahre, zu der vor allem die „Gesamtterritoriale Verteilung der Produktivkräfte" im Rahmen der „Langfristigen Grundkonzeption der Entwicklung der Volkswirtschaft" aber auch die „Grundsätze der staatlichen Siedlungspolitik" u.ä. Konzeptionen zählen. Die internen Papiere werden – ohne konkrete Daten – unter zahlreichen Synonyma in der wissenschaftlichen und wirtschaftspolitischen Literatur erörtert. Regionalwirtschaftliche Aufgaben enthält auch die Jahresplanung der Volkswirtschaft, sie ist raumordnungspolitisch weniger von Bedeutung. Die lang- und mittelfristigen Entwicklungs-Programme der Wirtschaftszweige enthalten in der Regel nur wenig standörtliche Aussagen.

Für die „territorialen Abstimmungen" der Wirtschaft in der mittelfristigen Fünfjahresplanung sind die Büros für Territorialplanung der Bezirksplankommissionen (ferner auch die Büros für Verkehr und die für Städtebau) zuständig. Die Plankommissionen der Kreise und größeren Städte sind vor allem ausführend, kaum noch selbständig und konzeptionell tätig. Die Gemeindeverbände verfügen nicht über entsprechende Abteilungen. Planungsverbände bestehen nicht. Absprachen – z.B. zwischen Großstädten und ihrem Umland – erfolgen ggf. zwischen den jeweiligen Gemeinden und innerhalb der Bezirksverwaltungen. Eine überstaatliche Raumordnungspolitik im RGW-Raum existiert nicht, es bestehen jedoch enge fachwissenschaftliche Verbindungen. Die wenigen grenzüberschreitenden Probleme erforderten bisher noch keine institutionellen Lösungen.

---

[1] Die wenigen Darstellungen aus der Bundesrepublik zeichnen daher v.a. das f o r m a l e Planungsverfahren nach, dessen entscheidenden internen Ausformungen ebensowenig wie die Sanktionen (etwa des Investitionsrechtes) bekannt sind.

[2] Nach dem Statut der SPK v. 9.8.73, Ges.-blatt DDR I, S. 417

[3] Sammelbegriff für die Parlamente und Verwaltungen unterhalb der Zentralverwaltung. Hierzu: G über die örtlichen Volksvertretungen 1973, Ges.-blatt DDR, I, S. 313 ff. Allgemeine DDR-Begriffe sind näher erläutert in: DDR-Handbuch. 1979 (2. Auflage) Hrsg. von *Ludz, P.Chr.*

[4] Damit entfallen die Verwaltungsgerichtsbarkeit und auch Urteils-Sammlungen zum Raumordnungsrecht. Über die Entscheidungspraxis der Verwaltungen bzw. im Wirtschafts-(Investitions-)recht liegen keine systematischen Nachweise vor.

Übersicht 1 Raumordnungspolitische Ziele in der Gegenwart

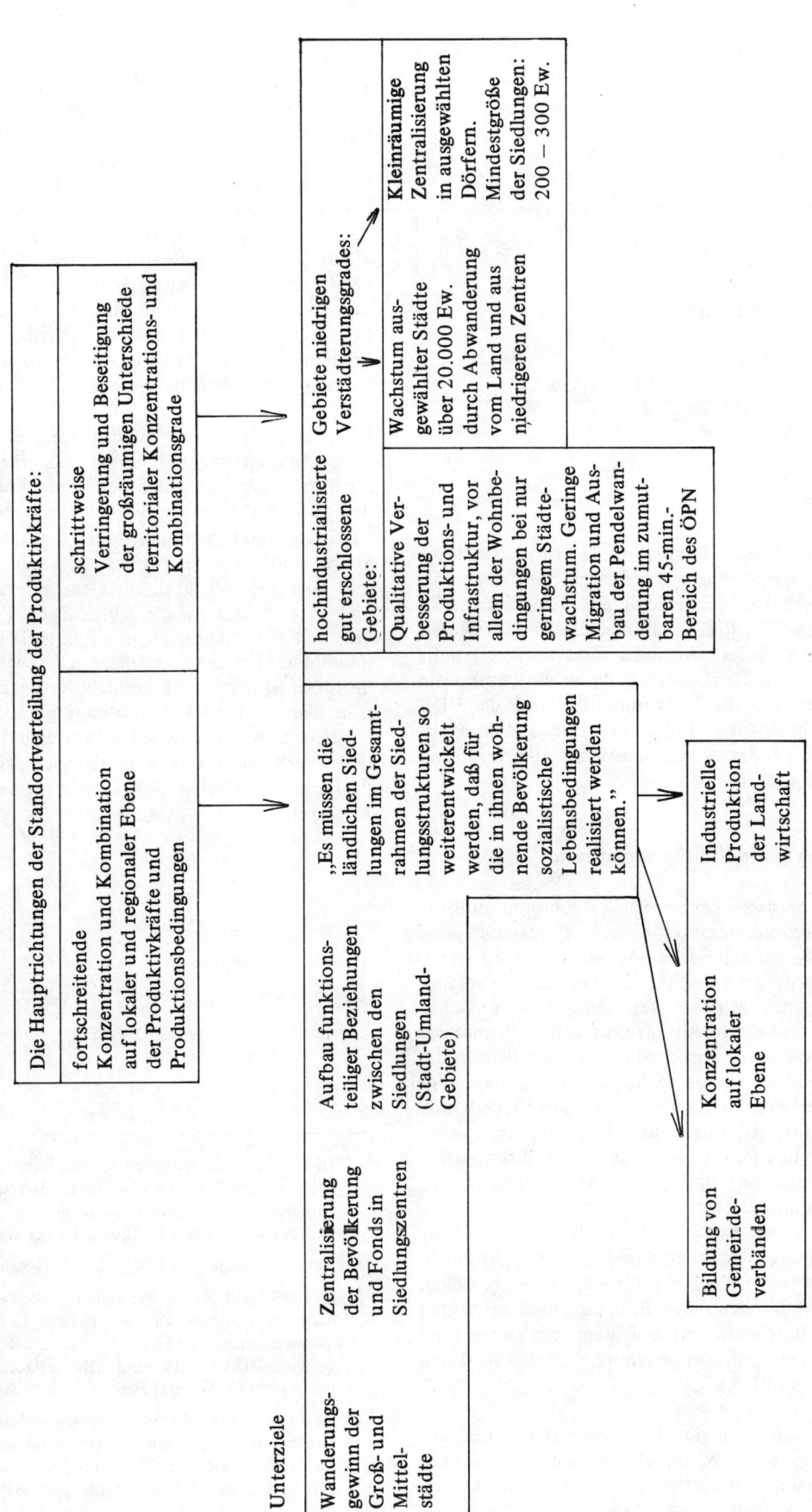

II. Raumordnungspolitische Ziele [5])

Die DDR stand bei Staatsgründung vor wirtschafts- und raumstrukturellen Problemen, wie unzureichender Rohstoffversorgung und unterbrochener Handelsverbindungen. Es fehlten z.B. Trassen von den Ballungsgebieten zur Küste, leistungsfähige Seehäfen und Binnenwasserstraßen. Das Bevölkerungswachstum konzentrierte sich im Norden, abseits der Industriegebiete. Manche der Aufgaben wurden zeitig in Angriff genommen (wie der Ausbau Rostocks und die Erweiterung der eigenen Eisenproduktion), andere erst in der Gegenwart (wie der Autobahnbau zur See), und einige Probleme lösten sich von selbst, z. B. glichen die Binnenwanderung und verändertes generatives Verhalten die regionalen demographischen Unterschiede aus. Neue Raumordnungsprobleme traten hinzu, vor allem das der unzureichenden und überalterten sozialen und technischen Infrastrukturen und die krassen Unterschiede zwischen wachsenden Zentren und vernachlässigten Altindustrieregionen.

Den Phasen der Wirtschaftspolitik sind nur schwer bestimmte raumordnungspolitische Strategien zuzuordnen. Die teilweise extensiven Investionen der Grundstoffindustrie brachten in den 50er Jahren einigen ländlichen Gebieten industrielle Arbeitsplätze. Sie waren aber ungleichmäßig verteilt. Der neue Staat hatte vorrangig wirtschaftspolitische Probleme zu lösen und nur heute werden die seinerzeitigen Investitionsentscheidungen als raumordnungspolitische Industrialisierungsstrategien verklärt. Die Wirtschafts-, nicht die Raumordnungspolitik, der 60er und 70er Jahre brachte den südlichen und mittleren Chemierevieren sowie der Niederlausitz hohe Investitionsanteile. Die räumliche Konzentration entsprach den Investitionsanteilen auf die führenden Wirtschaftszweige.

Die raumordnungspolitischen Absichten der Gegenwart lassen sich anhand verschiedener Texte umreißen:

1. Die „Gesetze der gesellschaftlichen Entwicklung" (allgemeine politisch-wirtschaftliche Grundsätze der Ideologie) werden „territorial spezifiziert". Es handelt sich dabei um abstrakte, dialektische Formulierungen [6]), vor allem über die Proportionalität regionaler und räumlicher Strukturen, wie etwa die Aussage über die gesetzmäßig zunehmend regionale Spezialisierung bei gleichzeitig steigender Komplexität. Die Verfassung von 1974 enthält jedoch keine raumordnungspolitischen Erklärungen.

2. Die speziell raumordnungspolitischen Aussagen der Parteitage der SED [7]) sind ebenfalls allgemein gehalten und oft dialektisch formuliert. Seit dem Parteitag 1971 enthalten die Direktiven [8]) Hinweise zur Standortverteilung der Produktivkräfte, jedoch im wesentlichen als Wiederholung der Ziele der Wirtschaftszweige für die Bezirke.

3. In den 15 Bezirken existieren „langfristige Entwicklungskonzeptionen" (bzw. synonyme Programmbezeichnungen). Sie werden durch Generalbebauungs- und Generalverkehrspläne sowie durch den Bezirksinvestitionsplan ergänzt und jeweils ganz oder teilweise selbständig oder als Teil (Eckwerte) des bezirklichen Fünfjahresplanes vom Bezirkstag beschlossen. In den Bezirken und Großstädten gibt es zahlreiche weitere lang- und mittelfristige Konzeptionen für einzelne Sachgebiete und Räume in der Form der heute geläufigen Stadt- und Raumentwicklungsplanung. Ihre raumordnungspolitischen Ziele dürften weitestgehend dem Vorgaben der zentralen Planung entsprechen.

4. Materielle Grundsätze der Raumordnungspolitik enthalten ferner verschiedene Rechtsvorschriften [9]). Sie sind jedoch heterogen, ergeben kein konsistentes Zielsystem und ohne Kenntnis der Rechtspraxis ist ihre Behandlung nur von begrenztem Wert.

5. Die fachwissenschaftlichen Äußerungen sind zwar konkreter, enthalten aber individuelle Ansichten und offizielle Versionen. Als Beispiel können die Ausführungen von *Scherf* u.a. [10]) dienen (siehe Übersicht 1).

Die raumordnungspolitischen Absichten leiten sich von den Zielen erhöhter materieller Produktion und verbesserten Arbeits- und Lebensbedingungen her, d. h. von den inkomensurablen Zielen der Leistungs- und Wohlfahrtssteigerung. Dem gesellschaftspolitischen Grundverständnis folgend, steht die materielle Leistungssteigerung im Vordergrund. Im gegenwärtigen Jahrzehnt entspricht ihr die wirtschaftspolitische Strategie der Intensivierung mit dem abgeleiteten raumordnungspolitischen Ziel der regionalen Konzentration der Investitionen (Erweiterungen und territoriale Rationalisierung) [11]) zugunsten erhöhter Grundfondsökonomie, d. h. der mehrschichtigen Auslastung der Anlagemittel, der Infrastrukturen usw. Ferner soll die regionale Spezialisierung bei gleichzeitigem technologischem und räumlichem Verbund, d. h. unter Ausnutzung der Transportkosten- und Fühlungsvorteile fortgeführt werden [12]).

---

[5]) Siehe hierzu *Werner, F.*, Begriffe und Ziele der Raumordnungspolitik in der DDR. In: Raumforschung und Raumordnung, 1978, H. 4.

[6]) In der Übersicht 1 ist z. B. die „großräumig/territoriale Verringerung und kleinräumig/lokal-regionale Erhöhung der Unterschiede keine dialektische Argumentation. Die gleichzeitige großräumige Verringerung und kleinräumige Erhöhung von Konzentration und Kombination ist jedoch dialektisch und formalogisch widersprüchlich formuliert.

[7]) Insbes. der ZK-Plenen, der Ministerrats-Beschlüsse usw. Das Programm der SED von 1976 enthält keine entsprechenden Aussagen außer der Forderung nach proportionaler Wirtschaftsentwicklung und – mehrfach – nach Angleichung von Stadt und Land.

[8]) Die Direktiven der Parteitage für die Fünfjahrpläne enthalten die höchsten Raumordnungsziele, da alles staatliche und wirtschaftliche Handeln nach Verfassung und Gesetzen „auf der Grundlage der Beschlüsse der SED" erfolgt.

[9]) Z.B. das ZivilG-Buch, die Grundstücksverkehrs-VO, das LandeskulturG usw.

[10]) Aus: Wirtschaftswissenschaft, 1977, 6, S. 823 ff.

[11]) Der Begriff ist sehr weit gefaßt und bezeichnet in praxi v.a. kleinräumige, zwischenbetriebliche und betrieblich-kommunale Kooperationen (Versorgung, Transport, Ausbildung, Sanierung usw.) verschiedenster Art (in Städten).

[12]) Die räumliche Arbeitsteilung und der gleichzeitige Verbund in allen Stufen der am Ort ansässigen Produzenten unter Ausgliederung ergänzender Technologien ist im Begriff des Territorialen Produktions-Komplexes zusammengefaßt. Er ist aber ein weitgehend theoretischer Begriff, denn exakte Kriterien der Vorteile bestimmter räumlicher Strukturen fehlen.

Von den Raumordnungszielen entfällt das der regionalen konjunkturellen Sicherung. Unbedeutend sind Ziele der Umstrukturierung sowie der Förderung kommunaler Finanzkraft. Die kommunalen Haushalte werden zentral festgelegt und sind kaum mit der ansässigen Wirtschaft verbunden. Unwesentlich sind ferner die Ziele ausgeglichener Arbeitsmärkte, Berufs- und Einkommenschancen (zentralisierte Tarifpolitik) sowie großräumige Verkehrsverbundplanungen. Die regionale Differenzierung der Bildungschancen gilt aufgrund des sog. einheitlichen Bildungssystems als weitgehend überwunden.

Raumordnungspolitische Zielkonflikte werden selten behandelt. Die Umweltbelastungen in den Chemieregionen werden z. B. detailliert ermittelt, aber nicht mit den Anforderungen der Wirtschaftspolitik konfrontiert. Auch die Auswirkungen zahlreicher Ziele werden nicht thematisiert, wie beispielsweise die erhöhten Grundfondsauslastungen in den Ballungsgebieten durch Mehrschichtenbetrieb, die eingeschränkten Berufs- und Arbeitsmärkte bei rigoroser regionaler Spezialisierung usw.

Die raumordnungspolitischen Ziele sind langfristig von der industriellen Leistungssteigerung beherrscht. In den 70er Jahren traten folgende Aspekte hinzu:

1. Die infrastrukturelle Absicherung der einheimischen Rohstoff- und Energieversorgung (vor allem Braunkohle und Kali). Dadurch „werden für die gesamte Konzeption zur Standortverteilung der Produktivkräfte bestimmte Fixpunkte gesetzt"[13]).

2. Die rationelle, jedoch weniger ökologisch orientierte Nutzung der Naturressourcen, vor allem der begrenzten Wasservorräte in den Ballungsgebieten Halle/Leipzig.

3. Die Konzeption eines zentral-örtlich gegliederten „sozialistischen Siedlungssystems", d. h. die Konzentration der sozialen Infrastruktur-Investitionen. Hierzu trägt u.a. das Wohnungsbauprogramm bei. Es ist jedoch nicht raumordnungs-, sondern sozialpolitisch bestimmt, und die Konzentration auf Mittel- und Großstädte folgt vor allem bau- und investitionspolitischen Grundsätzen, jedoch nicht primär zentralörtlichen Überlegungen.

Das r ä u m l i c h e Grundmuster der gesellschafts-, wirtschafts- und raumordnungspolitischen Ziele ist auf das der Konzentration zu reduzieren:

1. Konzentration der Gesamtinvestitionen auf die Ballungsgebiete, insbes.

    1.1. auf das Ballungsfeld, d.h. den unmittelbar an die dichte Altbebauung anschließenden Bereich der Agglomerationen bis hin zu den industrialisierten Kleinstädten ihrer engeren Pendlereinzugsbereiche und

    1.2. auf die Siedlungszentren, d.h. die Mittel- und Großstädte.

2. Konzentration der industriellen Investitionen auf die Städte, auf ihre Investitionskomplexe [14]) und sanierungsbedürftigen Altindustriegebiete.

3. Konzentration der Wohnbebauungen auf kompakte, große Standorte.

4. Konzentration der ländlichen Wirtschafts- und Sozialinvestitionen auf Großanlagen und Siedlungszentren.

Zur Konzentrationsstrategie gibt es in der DDR kaum ergänzende Begriffe, wie etwa Förder-, Rückstands- oder Notstandsgebiete. Derartige Bezeichnungen sind politisch inopportun. Die regionalen Disparitäten haben sich in der DDR vor allem zwischen einzelnen Siedlungen und Siedlungstypen sowie innerhalb der Siedlungen verschärft. Die großräumigen Disparitäten sind in der DDR möglicherweise (es fehlen empirische Daten) weniger gravierend als in Westeuropa, weil beispielsweise der tertiäre Sektor geringer gewachsen ist, der Flächenverbrauch je Einwohner (z.B. Erholungs-, Straßen- und Wohnfläche oder Büroraum) geringer ist, die industriellen Investitionen vorrangig für Ausrüstungen verwendet werden, der Lagerumfang geringer ist, Arbeitskräfte und Kapital weitaus immobiler sind, regionale Preis- und Lohnunterschiede geringer sind usw.

III. Planungsinstrumente

Raumordnungspolitisch können die Produktionsfaktoren Arbeit, Kapital und Boden beeinflußt werden:

1. Die Steuerung aller Investitionen erfolgt

    1.1. innerhalb der gesetzlichen Perspektivplanung, die in der jeweils gültigen Planmethodik geregelt ist [15]),

    1.2. im Rahmen „territorialer Abstimmungen", die sowohl in verfahrensmäßig festgelegter Form während der Perspektivplanung als auch außerhalb derselben (z.B. in terrritorialen Rationalisierungskonferenzen, „Komplexberatungen" in den Bezirken unter Leitung eines Mitgliedes des Ministerrates) stattfinden,

    1.3. durch das Standortgenehmigungsverfahren, in dem über die groß- und kleinräumige Einordnung von Investitionen entschieden wird.

---

[13]) *Müller, R.*, Kontinuierliche Standortpolitik wird fortgesetzt. In: Die Wirtschaft. 1976, 6, S. 5.

[14]) Standörtliche Zusammenfassung zugunsten geringer Erschließungs- und Folgekosten (in der Art von Industrieparks). Bisher nur sehr wenige Beispiele.

[15]) Gegenwärtig z.B. nach der Planungsordnung 1981–1985. Zum historischen und generellen Überblick siehe DDR-Handbuch, 1979, S. 549 f. und 811 ff., und *Werner, F.*, Raumordnerische Aspekte der Investitionsgesetzgebung und der Volkswirtschaftspläne in der DDR. In: Raumforschung und Raumordnung, 1971, H. 2, S. 49–56.

2. Die Lenkung (genauer: die Beeinflussung) des Arbeitsmarktes durch

   2.1. Bilanzierung der Arbeitskräfte [16], Genehmigungspflicht für neue Arbeitsplätze, Beeinflussung der Berufswahl,

   2.2. vor allem durch die großräumige Entscheidung über die Standorte des Wohnungsbaues.

3. Die Steuerung der Bodennutzung anstelle des Bodenmarktes und -preises durch

   3.1. den beträchtlichen volkseigenen Bodenfonds [17] und

   3.2. die zahlreichen Genehmigungsrechte für Eigentums- und Nutzungsänderungen.

In der Raumplanungsarbeit sind folgende Bereiche zu unterscheiden:

1. Die analytische „territoriale Bilanzierung". Dabei werden Bestand/Bestandsveränderungen und absehbarer Anforderungen/Trends gegenübergestellt, beispielsweise die überschaubaren infrastrukturellen Anforderungen und die vorhandenen Kapazitäten. Gelegentlich werden auch territoriale Verflechtungsbilanzen (regionale Input-Tabellen) erstellt.

2. Die räumliche Proportionalisierung und Standortoptimierung, d.h. durch Vorbereitung wesentlicher raumstruktureller Entscheidungen mittels Verfahren unterschiedlichsten Mathematisierungsgrades.

3. Die Koordinierung der regionalen Wirtschaft, vor allem der Investitionen. Sie reicht von der unverbindlichen Information und einfachen Absprache bis zur rechtskräftigen Planaufgabe im formalisierten Planungsverfahren.

4. Für die Raumplanung existieren ferner Rahmenrichtlinien [18], in denen Problemstellungen umrissen, Beispiellösungen und Richtwerte genannt werden. Sie dienen u.a. der formalen Vereinheitlichung der Planungsarbeit.

5. Nur von sehr geringer Bedeutung ist die Beeinflussung durch Standortangebote, fiskalische Standortanreize, Infrastrukturvorleistungen und ähnliche Mittel.

Die Raumordnungspolitik der DDR besteht mithin aus folgenden großen Bereichen:

1. Bestandsnachweis von Infrastrukturen (einschl. Arbeitskräfte), vor allem durch die Bezirksverwaltungen.

2. Ableitung der großräumigen Verteilung der industriellen Investitionen aus den Vorgaben der Industrieministerien und wirtschaftspolitischen Zielstellungen durch die zentrale Planung und Formulierung als berichtspflichtige Auflagen zur infrastrukturellen Sicherung der materiellen Produktionsziele (einschl. des Wohnungsbaues).

3. Vorwiegend verbale Konzeptionen für die sonstige Entwicklung der Arbeits- und Lebensbedingungen mit geringem Verbindlichkeitsgrad.

Die Bedeutung der Raumordnung im staats- und wirtschaftspolitischen Handeln ist weder formalrechtlich noch empirisch eindeutig zu umreißen. Für zahlreiche Konflikte ist z.B. kein Entscheidungsverfahren festgelegt bzw. nur in internen Anweisungen geregelt [19]. Neben der erwähnten systematisierten Volkswirtschaftsplanung existieren seit Beginn der 70er Jahre noch Zielprogramme, vorwiegend sachlicher (Wohnungsbau-, Energieprogramm) aber auch räumlicher Art (z.B. für Berlin (O)). Sie sind wahrscheinlich ähnlich integrierten PBPS-Ziel/Mittelprogrammen aufgebaut und werden durch Beschluß zentraler Gremien (ZK, Ministerrat) bzw. durch Übernahme von Eckdaten in die gesetzlichen Pläne verbindlich [20]. Die normale Planung wird ferner durch zahlreiche Sonderregelungen und -maßnahmen aufgrund zentraler Beschlüsse ergänzt. Es handelt sich um die Übernahme von „ausgewählten" Investitionen, Betrieben, Sachgebieten (z.B. Projekte der territorialen Rationierung) Wirtschaftszweigen, von Aufbau- und Schwerpunktstädten oder (jedoch seltener) von Gebieten in die zentrale Planung der SPK. Dadurch wird das geschlossene Planungssystem in praxi sehr weit aufgefächert.

In der Raumordnungspolitik der DDR fehlen

1. ein selbständiges Raumordnungsprogramm (vergleichbar dem des Bundes);

2. eine zureichende Bestands- und Erfolgskontrolle;

3. Verfahren, die kurz- und langfristige Knappheit sowie den Gebrauchswert von Naturressourcen und Lagevorteile widerspiegeln;

4. ein praktikables System von regionalen Leistungs- und Wohlfahrtskennziffern.

Den raumordnungspolitischen Zielen sind nur sehr wenige Zielerreichungsgrade zugeordnet. Die geläufigste wirtschaftspolitische Kennziffer, das Nationaleinkommen, ist methodisch sehr problematisch, denn in ihr wird „das Ziel der sozialistischen Produktion nicht eindeutig

---

[16] Arbeitsplätze können in der DDR frei gewählt werden (Hochschulabsolventen nur eingeschränkt). Die Fluktuation ist sehr hoch.

[17] Im Gegensatz zur Fondsverfügung über Anlagen, Ausrüstungen, Konten, Waren, Halb- und Fertigfabrikate usw. haben die volkseigenen Betriebe am Boden lediglich eine „Rechtsträgerschaft", die i.d.R. unbefristet und unentgeltlich ist.

[18] Diese internen Papiere sind oft formal nicht verbindlich. Sie werden teilweise fachwissenschaftlich erarbeitet, wie z.B. die Rahmenrichtlinien der Generalverkehrsplanung vom Zentralen Forschungsinstitut des Verkehrswesens, die siedlungsstrukturellen Konzeptionen von der Forschungsleitstelle für Territorialplanung des Ökonomischen Forschungsinstitutes der SPK, der Generalbebauungsplanung durch die Bauakademie der DDR usw.

[19] Nach dem Staatsverständnis gelten Konflikte grundsätzlich als sachlich richtig lösbar, weil keine Klassengegensätze die Einigung zugunsten des allgemeinen Wohles ausschließen. — Empirische Analysen des raumordnungspolitischen Handelns liegen kaum vor.

[20] Übersicht bei *Salecker, W.* in: Wirtschaftswissenschaft, 1976, S. 1.761 ff.

und vollständig zum Ausdruck gebracht"[21]). Auch für die weiteren Hauptkennziffern (industrielle Produktion, Nettoprodukt usw.) bestehen erhebliche methodische Einschränkungen in ihrer Aussagefähigketi über die regionale Wirtschaftsentwicklung.

Die Kennziffern der Territorialplanung sind in praxi meist regional aufgeschlüsselte volkswirtschaftliche Daten (wie z.B. die industrielle Warenproduktion), während gebrauchswertmäßige Kennziffern (etwa Versorgungsgrade je Einwohner) in den verbindlichen Plänen selten sind. Zur Raumabgrenzung werden meist die Bezirke herangezogen. Zur Einordnung der Indikatoren – nicht zur Planungsorganisation – werden die Bezirke zu den Gruppen der Nord-, Süd-, Südwest- und Mittelbezirke zusammengefaßt. Einige Daten stehen auch in der Aggregation der Gemeindedaten für Ballungsgebiete, Agrarräume usw. zur Verfügung.

IV. Ausblick

Die Raumordungspolitik der DDR ist wirtschaftspolitischen Hauptzielen – Sicherung der Rohstoff- bzw. Energiebasis, restlose Ausnutzung der vorhandenen Infrastruktur – untergeordnet.

Insgesamt zeichnet sich der investitions- und wirtschaftspolitisch unterstützte Bestand der vorhandenen großen Raumstrukturen ab: Weiteres Wachstum der Ballungsgebiete, Vorrang der Hauptstadt und der großen Stadtregion Leipzig und Dresden sowie insges. der Konzentration im südlichen Dreieck Dresden–Erfurt–Magdeburg. Die drei südlichen Ballungsgebiete realisieren schon heute ihre Produktionsbeziehungen zur Hälfte untereinander. Die industriellen und sozialen Investitionen (vor allem des Wohnungsbaues) auf die alten Industrieregionen im Süden der DDR werden die vorhandene Raumstruktur auch in der ersten Hälfte der 80er Jahre erhalten.

---

[21]) *Steeger*, in: Wirtschaftswissenschaft, 1973, S. 809 ff.

Raumordnung in Österreich

von

Karl Stiglbauer, Wien

INHALT

Vorbemerkung

I. Zur Terminonologie

II. Probleme der gegenwärtigen Raumstruktur

III. Entwicklung der Organisation der Raumordnung

IV. Raumordnungsaufgaben des Bundes

V. Raumordnungsaufgaben der Länder

VI. Raumordnungsaufgaben der Gemeinden

VII. Allgemeine Ziele der Raumordnung

VIII. Vorstellungen zur Raumstruktur und Raumorganisation

IX. Ausblick

Anhang

Literaturnachweis

Vorbemerkung

In Österreich wurde in den letzten 25 Jahren die Raumordnung als besonders wahrzunehmende Aufgabe von Bund, Ländern und Gemeinden rechtlich verankert. Der Grundgedanke dabei war, durch gezielte Aktivität der staatlichen Verwaltung günstige Voraussetzungen für die Nutzung von Lebensräumen der Bevölkerung innerhalb des Staatsgebietes zu schaffen.

I. Zur Terminologie

Raumordnung hat einen doppelten Sinn. Erstens bedeutet Raumordnung einen Vorgang (Prozeß) im Sinne des Ordnens, d.h. zur Lenkung von bereits bestehenden Entwicklungen oder zur Ankurbelung von neuen Entwicklungen. Zweitens ist Raumordnung als Zustand zu verstehen, und zwar als ein schon vergangener, gegenwärtiger oder als ein zukünftiger Zustand der Ordnung. Zumeist ist mit Raumordnung nur der künftige (oder ideale) Zustand gemeint und damit eine Vorstellung über die anzustrebende Raumstruktur und Raumorganisation menschlicher Aktivitäten verbunden. Der Vorgang der Raumordnung und die Festlegung von Zielen basieren auf wertgerichteten Entscheidungen, die von den Gebietskörperschaften zu treffen sind. Da hierbei viele Gebietskörperschaften am Werke sind und bekanntlich politisch unterschiedlich agieren (der Bund mit Bundeskanzleramt und 12 Ministerien, die 9 Länder und die 2.302 Gemeinden), weisen Zielvorstellungen und Vorgangsweisen für die Raumordnung eine große Streuung auf.

In Beachtung der besonderen Situation in Österreich ist es zweckmäßig, als Raumordnung nicht nur die eigens durch Raumordnungsgesetze geregelten staatlichen Aufgabenbereiche zu bezeichnen (Raumordnung im formalrechtlichen Sinne), sondern auch alle übrigen staatlichen Akte, die gezielt auf die Gestaltung des Staatsraumes oder seiner Teile nach bestimmten politischen Zielvorstellungen gerichtet sind (Raumordnung im funktionalen Sinn). Erst so wird nämlich die wirkliche Einflußnahme staatlicher Maßnahmen auf die Raumordnung voll greifbar und der Anteil der Raumordnung im formalrechtlichen Sinne eingrenzbar. Auch kann mit der funktionalen Auffassung eine entsprechend methodische Basis für den Vergleich mit Raumordnungssystemen anderer Staaten geschaffen werden. Die Raumordnung ist das methodische Instrument für die Raumordnung. Sie dient zum Finden von optimalen Zielfunktionen und zur Steuerung des Ordnungsprozesses und stützt sich dabei auf wissenschaftliche Erkenntnisse und Methoden ab (Raumforschung). Raumplanung wird des öfteren mit Raumordnung inhaltlich gleich gesetzt. Wie in der Bundesrepublik Deutschland gilt aber Raumordnung als Oberbegriff zu Raumplanung.

II. Probleme der gegenwärtigen Raumstruktur

Im Rahmen dieses Beitrages können nur wenige Hinweise gegeben werden. Österreich ist ein Kleinstaat mit 83.849 km^2 und einer Wohnbevölkerung von rd. 7,5 Millionen. Das Gebirgsland nimmt rund zwei Drittel der Staatsfläche ein. Etwa 40 % der Gesamtfläche sind Waldland. Im Bereich der Ostalpen ist der Siedlungs- und Wirtschaftsraum hauptsächlich auf die Talzonen beschränkt und dementsprechend in seiner Erschließung und Nutzung mit vielen Problemen behaftet. Infolge der anhaltend starken Fremdenverkehrsentwicklung ist aber auch für die Höhenregionen eine spezielle Raumordnung notwendig geworden (z.B. Abstimmung zwischen Naturschutz, Fremdenverkehr und Wasserkraftnutzung). Fast die Hälfte der Bevölkerung Österreichs (rd. 3,3 Millionen Einwohner) wohnt und arbeitet in der „Ostregion" mit dem Zentrum der Bundeshauptstadt Wien. Die internationale Funktion von Wien (z.B. als Sitz von Einrichtungen der Vereinten Nationen) bedarf besonderer städtebaulicher Unterstützung. Im übrigen sind in Wien als dem Kern einer fast zwei Millionen Einwohner zählenden Stadtregion Probleme der Altstadterneuerung, der Suburbanisierung und des Verkehrs besonders dringlich. Wien und die übrigen Großstädte Graz, Linz, Salzburg und Innsbruck (nach der Einwohnerzahl abfallend gereiht) sowie die Mittelstädte Klagenfurt und Bregenz/

Dornbirn bilden mit ihrem Hinterland jeweils große Verflechtungsregionen („Hauptregionen"), die — Wien ausgenommen — im großen und ganzen mit der Abgrenzung der Länder übereinstimmen. Für die Hauptregionen besteht generell das Problem, daß ihre Zentralräume und die Ballungsräume des Fremdenverkehrs bis zuletzt lebhaft wuchsen, während ihre Ränder wirtschaftsschwache Zonen aufweisen. Dies bedingt Problemzonen entlang der Staatsgrenze und im inneralpinen Bereich. In internationaler Sicht ist es schwierig, den anwachsenden Durchgangsverkehr über die Alpen, überwiegend in Nord-Süd-Richtung, zu bewältigen.

III. Entwicklung der Organisation der Raumordnung

Die heutige Organisation der Raumordnung in Österreich fußt auf einer längeren Entwicklung. Als ein Markstein kann die Bauordnung für Wien aus 1929 angesehen werden. Mit ihr wurde der „Flächenwidmungsplan" eingeführt, der ab 1973 in allen übrigen Ländern Österreichs als das grundlegende Instrument der örtlichen Raumplanung der Gemeinden in Verwendung steht. Von Einfluß war auch die Zeit von 1938 bis 1945, während der Österreich gewaltsam ein Teil des „Großdeutschen Reiches" war. Die damals eingeführte reichsdeutsche Gesetzgebung über die Raumordnung blieb nämlich in der wiedererstandenen Republik Österreich im Jahre 1945 in einigen Teilen noch eine Zeit lang in Gültigkeit. Außerdem stand ein Stab von Fachleuten zur Verfügung, die die Methoden der Raumplanung und der Raumforschung tradierten. Es waren die Länder, voran Wien, die — wenn auch zögernd — die ersten Schritte für die neue Entwicklung der Raumordnung in der Zweiten Republik setzten. So wurden zwischen 1945 und 1948 bei den Ämtern der Landesregierungen von Kärnten, Niederösterreich, Oberösterreich, Steiermark, Tirol, Vorarlberg und Wien „Landesplanungsstellen" eingerichtet. Die Absicht der damaligen Raumplaner, den Wiederaufbau nach den Kriegszerstörungen schon nach einem Raumordnungskonzept durchzuführen, blieb Wunsch. Die Raumplanungstätigkeit war viele Jahre lang unverbindlich, dafür aber ganz auf die sachliche Problematik der untersuchten Gebiete konzentriert. So wurden moderne Methoden der Stadt- und Landesplanung erprobt und weiterentwickelt sowie die Ergebnisse in zahlreichen Publikationen festgehalten.

Von Anfang an wurde die rechtliche Verankerung der Raumplanung und damit auch der Raumordnung von den Ländern und später auch von den Gemeinden angestrebt. Zur Klärung der Kompetenzen fällte der Verfassungsgerichtshof auf Betreiben der Salzburger Landesregierung im Jahre 1954 sein Erkenntnis über die Zuständigkeit von Bund und Ländern für die Raumordnung (vgl. unten). Mit diesem Erkenntnis, dem Verfassungsrang zukommt, wurde den Ländern die Zuständigkeit zugesprochen, für die planmäßige und vorausschauende Gesamtgestaltung ihrer Landesgebiete entsprechend vorzusorgen. Daraufhin beschloß der Landtag von Salzburg im Jahre 1956 das Salzburger Raumordnungsgesetz, das erste in Österreich. Es wurde mehrmals novelliert (zuletzt 1977). Im Jahre 1959 erließ Kärnten ein „Landesplanungsgesetz", das 1970 durch ein „Raumordnungsgesetz" abgelöst wurde. Im Jahre 1961 verordnete die Kärntner Landesregierung das erste rechtsverbindliche Entwicklungsprogramm „Unterkärntner Seengebiet", das in erster Linie zur Vorgabe überörtlicher Raumordnungserfordernisse für die Gemeindeplanung dienen sollte.

Für die weitere Entwicklung der Raumordnung in Österreich erwies sich sodann die Bundes-Verfassungsgesetznovelle 1962 von großer Tragweite. Den Gemeinden wurde nämlich das Recht zugesprochen, die „örtliche Raumplanung" im eigenen (selbständigen) Wirkungsbereich durchzuführen. Im Unterschied zu der einheitlichen Regelung in der Bundesrepublik Deutschland durch das Bundesbaugesetz fiel die betreffende gesetzliche Regelung in Österreich den Ländern zu. Dies hatte zur Folge, daß die Raumordnung des Landes mit den Aufgaben der örtlichen Raumplanung der Gemeinden auf das engste abgestimmt wurde. Ausgenommen Wien, das in der Doppelfunktion als Land und Gemeinde in diesem Zusammenhang auszuklammern ist, sowie Kärnten, das 1970 ein eigenes „Gemeindeplanungsgesetz" erließ, regelten alle übrigen Länder die Planungsebenen des Landes und der Gemeinden in einem Gesetz. Die Reihenfolge der Gesetze nach 1959 lautet (in Klammern die letzte umfassende Novellierung): Raumordnungsgesetz für Steiermark 1964 (1974) und für Niederösterreich 1968 (1976), Raumplanungsgesetz für Burgenland 1969, Raumordnungsgesetz für Tirol 1971 und für Oberösterreich 1972 sowie Raumplanungsgesetz für Vorarlberg 1973. Aufgrund dieser Rechtsbasis haben die in den Ämtern der Landesregierungen zuständigen Planungsabteilungen eine rege Aktivität entwickelt, und zwar längere Zeit hindurch zur Unterstützung der Gemeinden bei ihrer Raumplanung, in den letzten Jahren mehr auf dem Gebiete der Regionalplanung.

Aber auch der Bund schaltete sich schon früh in die Raumordnung ein. Infolge umfangreicher Schäden durch Krieg und Besatzung mußte er nach 1955, dem Jahr der Wiedererlangung der vollen Souveränität durch den sog. Staatsvertrag, im Verein mit den Ländern und unterstützt durch ausländische Hilfsmittel Maßnahmen zur Ankurbelung der Wirtschaft und zur Beseitigung der Arbeitslosigkeit setzen. Die sich hierauf unerwartet einstellende und langanhaltende starke wirtschaftliche Entwicklung veranlaßte sodann den Bund, die regionale Wirtschaftsförderung auszubauen, z.B. zur Ansiedlung von Industrien in ländlichen Gebieten, und Fachplanungen für verschiedene Wirtschaftsbereiche und für den Ausbau der Infrastruktur durchzuführen. Im Jahre 1965 wurde ein Ministerkomitee für Raumordnung eingesetzt, das 1966 ein umfangreiches Gutachten mit dem Titel „Strukturanalyse des Bundesgebietes" in Auftrag gab. Es ließ auch einen Entwurf zu „Leitlinien und Aktionsprogramm der Bundesregierung" für die Raumordnung erarbeiten. Der Entwurf und das Gutachten lagen Ende 1969 vor. In dem Entwurf wurde erstmals die Raumordnung als eine gemeinsame Aufgabe von Bund, Ländern und Gemeinden bezeichnet, ein eigenes Bundesraumordnungsgesetz für den Kompetenzbereich des Bundes angeregt und zur Koordinierung der Maßnahmen des Bundes, der Entwicklungsprogramme der Länder und der kommunalen Raumpläne die Einrichtung einer gemeinsamen Raumordnungskonferenz empfohlen.

Anfang 1971 erfolgte die Einrichtung der Österreichischen Raumordnungskonferenz (ÖROK) zur Kooperation der Gebietskörperschaften im Wege von Absprachen im rechtsfreien Raum, die aber nur bei Einstimmigkeit zustande kommen können. Diese Konferenz hat sich die gemeinsame Formulierung eines Raumordnungskonzeptes für Österreich und die Abstimmung wichtiger raumrelevanter Planungen und Maßnahmen zwischen den Gebietskörperschaften als Hauptaufgaben gesetzt. Die umfangreiche Tätigkeit der ÖROK, insbesondere zum Raumordnungskonzept, aber auch die Raumordnungsaktivitäten von Bund, Ländern und Gemeinden werden in Raumordnungsberichten der ÖROK dargestellt. Bisher sind zwei Berichte publiziert worden.

Im Jahre 1974 wurde ein Entwurf eines Raumordnungsgesetzes des Bundes zur Diskussion gestellt, daraufhin aber zurückgezogen. Immerhin besitzt das Bundeskanzleramt seit dem Bundesministeriengesetz 1973 eine Koordinierungskompetenz zur Abstimmung der Planungen und Maßnahmen der Bundesministerien auf dem Gebiete der Raumordnung. Nur vereinzelt nimmt aber bis jetzt die neuere Gesetzgebung des Bundes auf Erfordernisse der Raumordnung verbal Bezug, so z.B. im neuen Gewerberecht (Gewerbeordnung 1973) und im Forstgesetz 1975. In funktionaler Sicht haben jedoch viele Maßnahmen des Bundes einen Raumordnungscharakter.

Als neue Entwicklung ist die Koordinierung in Raumordnungsangelegenheiten zwischen Ländern bzw. zwischen Bund und einzelnen Ländern durch „Vereinbarungen" im Sinne von Staatsverträgen gem. § 15 B-VG anzuführen. Verträge zwischen den Ländern wurden u.a. zur gemeinsamen Einrichtung eines Nationalparks Hohe Tauern und zur Einrichtung einer „Planungsgemeinschaft Ost" (zwischen Burgenland, Niederösterreich und Wien) abgeschlossen. Neben diesen „horizontalen" Koordinierungen gibt es Vereinbarungen zwischen dem Bund und Wien sowie Kärnten.

Neu ist desweiteren die Beteiligung Österreichs an Fragen der internationalen Raumordnung und in bezug auf eine Abstimmung der Raumordnung über die Staatsgrenze hinweg. So wirkt Österreich an der Europäischen Raumordnungsministerkonferenz und bei anderen Gremien des Europarates mit. Mit der Bundesrepublik Deutschland wurde 1973 durch Staatsvertrag eine Österreichisch-Deutsche Raumordnungskommission installiert. Intensive Kontakte bestehen zwischen Ländern und Nachbarregionen in der Bundesrepublik Deutschland, Schweiz, Liechtenstein, Italien und Jugoslawien, z.T. in Form von sehr aktiven Arbeitsgemeinschaften (ARGE ALP, ARGE ALPEN—ADRIA u.a.)

Die Skizze über die Entwicklung der Organisation der Raumordnung in Österreich wäre unvollständig, würde nicht auch auf die Entwicklung von speziellen wissenschaftlichen Institutionen der Raumordnung hingewiesen werden. Schon 1946 wurde im Rahmen der Österr. Akademie der Wissenschaften eine Kommission für Raumforschung und Wiederaufbau eingerichtet. Viele Jahre war die Österr. Gesellschaft für Raumforschung und Raumplanung die Plattform zur Propagierung der Raumordnungsidee. Pionierarbeit hat auch das Österr. Institut für Raumplanung geleistet. In Niederösterreich, Oberösterreich, Salzburg und Wien bestehen spezielle Institute auf Landesebene. An sechs Universitäten in Wien gibt es Professuren für Raumplanung, Raumordnung oder Raumforschung, an drei Wiener Universitäten spezielle Institute. An der Technischen Universität Wien werden jetzt Raumplaner und Regionalwissenschaftler sowie an der Universität Wien Raumforscher in besonderen Studienzweigen ausgebildet. Außerhalb Wien wird an den Universitäten in Graz und Innsbruck Raumordnung gelehrt. Insgesamt ist somit ein beachtliches Forschungspotential geschaffen worden, dem auch die zahlreichen Experten in den Raumplanungsstellen der verschiedenen Gebietskörperschaften hinzuzurechnen sind.

IV. Raumordnungsaufgaben des Bundes

Dem Bund in Österreich steht keine Grundsatzkompetenz für die Raumordnung zu, wie dies in der Bundesrepublik Deutschland oder in der Schweiz der Fall ist. Das Erkenntnis des Verfassungsgerichtshofes aus 1954 (Kundmachung BGBl Nr. 162/1954) sagt nämlich aus, daß die Zuständigkeit von Bund und Ländern zu den einzelnen raumwirksamen Tätigkeiten sich aus der Zuständigkeit für die einzelnen Verwaltungsmaterien ergebe. Demnach ist die „planmäßige und vorausschauende Gesamtgestaltung eines Gebietes in bezug auf seine Verbauung, insbesondere für Wohn- und Industriezwecke einerseits und für die Erhaltung von im wesentlichen unverbauten Flächen andererseits (Landesraumordnung) . . . nach Art 15 Abs. 1 B-VG in Gesetzgebung und Vollziehung insoweit Landessache, als nicht etwa einzelne dieser planenden Maßnahmen wie im besonderen solche auf dem Gebiete des Eisenbahnwesens, des Bergwesens, des Forstwesens und des Wasserrechtes, nach Art. 10 bis 12 B-VG der Gesetzgebung oder auch der Vollziehung des Bundes ausdrücklich vorbehalten sind." Raumordnung muß in Österreich somit als eine Querschnittsmaterie aufgefaßt werden.

Im Ersten Raumordnungsbericht der ÖROK (S. 46 ff.) wird ausgeführt, daß die Verfassungsrechtslage dem Bund zwar weitreichende, aber nur sachlich beschränkte raumwirksame Planungsbefugnisse einräume, die durch das Ministerialprinzip in Form von „Ressortplanungen" zu verwirklichen sind. Wichtige Raumordnungskompetenzen des Bundes in Gesetzgebung und Vollziehung sind: Angelegenheiten des Gewerbes und der Industrie, Bergwesen, Landwirtschaft (zum Teil), Forstwesen, Geld- und Kreditwesen, Gesundheitswesen (zum Teil), Denkmalschutz, Bundesbehörden oder -ämter, Hochschulen und Höhere Schulen, militärische Angelegenheiten, Verkehrswesen (Eisenbahn, Schiffahrt und Luftfahrt), Bundesstraßen, Post- und Fernmeldewesen, Wasserrecht, Regulierung der Gewässer, Wildbachverbauung, Wasserstraßen, Starkstromwegerecht (zumindest zwei Bundesländer betreffend), Vermessungswesen, Staatsverträge mit dem Ausland. — Bundessache in Gesetzgebung, Landessache in Vollziehung (oder auch Ausführungsgesetzgebung) sind insbesondere Bevölkerungspolitik, Volkswohnungswesen, Assanierung, Heil- und Pflegeanstalten, Kurortewesen und Natürliche Heilvorkommen, äußere Form der Pflichtschulen, Bodenreform, insbesondere Agrarische Operationen und Wiederbesiedlung.

Es würde hier zu weit führen, die durchgeführten Ressortplanungen der Bundesministerien aufzuzählen. Daß sie zumeist als Fachplanungen der Raumordnung (im funktionalen Sinn) zu kennzeichnen sind, trifft zu, da sie jeweils auch bestimmte räumliche Gestaltungszwecke befolgen. Eine explizite Unterstellung dieser Fachplanungen unter ein Raumordnungskonzept ist jedoch nicht gegeben, weil der Bund keine Ziele der Raumordnung im hoheitsrechtlichen Bereich festgelegt hat (bezüglich der ÖROK-Ziele vgl. unten). Es kann aber festgestellt werden, daß die Ziele von Fachplanungen des Bundes mit den Raumordnungszielen der Länder und von größeren Gemeinden de facto im Einklang stehen. Man muß nämlich berücksichtigen, daß Österreich mit seiner Größe ein gut überschaubarer Staat ist, daß zwischen den Bundesministerien und den Ämtern der Landesregierungen viele Kontakte vorhanden sind und informelle Koordinierung geübt wird. Auch die gemeinsame Arbeit in der Österreichischen Raumordnungskonferenz verstärkt den Informationsfluß zwischen Bund, Ländern und Gemeinden. Dazu kommt, daß sich Länder und Gemeinden in der Regel sehr um die Mitwirkung des Bundes bei Maßnahmen der Raumordnung bemühen, und zwar nicht nur in bezug auf hoheitsrechtliche Entscheidungen durch den Bund (z.B. die Festlegung des Verlaufs einer Bundesstraße), sondern auch um Maßnahmen der Privatwirtschaftsverwaltung. Unter der Privatwirtschaftsverwaltung ist ein großer und gewichtiger Aufgabenbereich zu verstehen, der dem Bund, aber auch den Ländern und Gemeinden offensteht, und zwar ohne kompetenzrechtliche Einschränkungen. Die Privatwirtschaftsverwaltung betrifft die eigenwirtschaftlichen Betätigungen der Gebietskörperschaften, die Vergabe öffentlicher Aufträge und Subventionierungen. Praktische Beispiele sind die Führung des öffentlichen Verkehrs, der Ausbau des Straßennetzes, der Bahnen oder der Leitungsinfrastruktur, die Förderung der Landwirtschaft, die vielfältigen Investitionshilfen für Industrie, Gewerbe und Fremdenverkehr, der Einsatz von Mitteln für arbeitsmarktpolitische Ausgleichsmaßnahmen usw. Daß dem Bund wegen seiner Finanzstärke bei der Realisierung von Raumordnungsmaßnahmen die Schlüsselrolle zukommt, führt dazu, daß viele Wünsche und Anträge an ihn gestellt werden. Der Bund ist dadurch gezwungen, innerhalb des Bundesgebietes einen Ausgleich zwischen den Ländern und auch in Bezug zu den Städten zu erzielen. Dabei gehen auch Raumordnungsfragen als Kalkül ein. Bisher haben aber alle Versuche, die Tätigkeit der Bundesministerien an ein Raumordnungskonzept zu binden, die über allgemeine Zielformeln hinausgeht, keinen Erfolg gehabt. Es bleibt daher zu fragen, ob sich solche Anstrengungen weiterhin lohnen. Im Hinblick auf die realen Entscheidungsmechanismen wären neue Denkansätze geboten.

V. Raumordnungsaufgaben der Länder

Die Länder haben die hoheitsrechtliche Befugnis, für ihren Bereich Raumordnungsgesetze zu erlassen. Alle Länder, ausgenommen Wien, haben von diesem Recht bereits Gebrauch gemacht. In den Raumordnungsgesetzen formulieren die Länder die Ziele der Raumordnung in teils sehr umfassender Art. Der Bund erhob seinerzeit Einspruch mit dem Hinweis, daß die Ziele Kompetenzen anderer Gebietskörperschaften berühren. Demgegenüber haben sich aber die Länder mit dem Argument behauptet, daß die Raumordnung in den Zielen ganzheitlich zu konzipieren sei. In den Rechtswirkungen bleiben aber die Raumordnungsgesetze ausschließlich auf den Kompetenzbereich der Länder beschränkt. Wichtige Zuständigkeiten für die Raumordnung der Länder in Gesetzgebung und Vollziehung sind neben dem Raumordnungsrecht Gemeindeorganisation, das Baurecht (einschließlich Ortsbildschutz und Altstadterhaltungsvorschriften), Landes- und Gemeindestraßen, Kindergärten, Spielplatzanforderungen, Campingplatzwesen, Theaterbetrieb, Jagd und Fischerei, Naturschutz, Verkehr mit land- und forstwirtschaftlichen Grundstücken und Abfallbeseitigung. Dazu kommen die bereits oben angeführten Verwaltungsbereiche, für die der Bund die Grundsatzgesetzgebung, die Länder die Ausführungsgesetze oder die Vollziehung zu besorgen haben.

Die Planungsinstrumente für die Landesraumordnung sind in allen Ländern praktisch gleich: Gestützt auf die vorgeschriebene Landesraumforschung sind es (1) das Landesentwicklungsprogramm (in Niederösterreich und Oberösterreich: Landesraumordnungsprogramm, in Vorarlberg: Landesraumplan), (2) das regionale Entwicklungsprogramm und (3) Entwicklungsprogramme für Sachbereiche. In einigen Ländern ist ein sog. Raumordnungskataster mit Eintragung der verschiedenen Fachplanungen in Katastern bzw. großmaßstäbigen Karten vorgeschrieben. Bisher haben die Länder Steiermark und Oberösterreich ein Landesentwicklungsprogramm (Landesraumordungsprogramm) erlassen. In Niederösterreich bilden zwölf landesweite rechtsverbindliche Raumordnungsprogramme für wichtige Sektoren (z.B. zentrale Orte, Industrieverteilung, Fremdenverkehrsentwicklung, Verkehr) den Grundstock eines Landesentwicklungsprogrammes. In Kärnten und Salzburg wird an einem Landesentwicklungsprogramm gearbeitet. In Wien steht ein Stadtentwicklungsplan in Vorbereitung. Alle Länder, ausgenommen Wien, haben regionale Entwicklungsprogramme ausgearbeitet und zum Teil in rechtsverbindlicher Form erlassen. Methode und Intensität der Aussagen weisen von Land zu Land Unterschiede auf. Immer mehr wird an Stelle von planlichen Festlegungen die verbale konzepthafte Aussage gewählt. Da in allen Raumordnungsgesetzen der Länder die Verpflichtung ausgesprochen ist, daß Entwicklungsprogramme aufzustellen sind, wird in Zukunft mit einer vollen Abdeckung der Länderareale durch diese Programme zu rechnen sein.

Diese Vorschrift korrespondiert mit jener für die Gemeinden, die für ihr Gemeindegebiet einen Flächenwidmungsplan zu erstellen haben. Überörtliche Raumplanung des Landes und örtliche Raumplanung der Gemeinden sind somit synchron geschaltet.

Der Bezug von Landesraumordnung zur Landesverwaltung wird zumeist durch eine Generalklausel in den Gesetzen geregelt, wonach Verordnungen und Bescheide in Vollziehung von Landesgesetzen den Entwicklungsprogrammen nicht widersprechen dürfen. Nur das Steiermärkische Raumordnungsgesetz schreibt vor, daß rechtswirksame Planungen des Bundes in den Entwicklungsprogrammen ersichtlich zu machen sind. In der Praxis muß aber bei allen Raumordnungsmaßnahmen eines Landes auf die konkreten Absichten des Bundes Rücksicht genommen werden, weil der Bund mit oder gegen die Landesraumordnung Maßnahmen im Bereich seiner Befugnis durchsetzen kann.

Schließlich ist noch der Hinweis notwendig, daß den Ländern mittels der Privatwirtschaftsverwaltung viele Möglichkeiten einer Förderung der Gemeinden und von privaten Personen offen stehen, wenngleich, da sie keine Finanzhoheit besitzen, nur im Rahmen der den Ländern über den Finanzausgleich zufließenden Mittel.

VI. Raumordnungsaufgaben der Gemeinden

Die örtliche Raumplanung der Gemeinden ist, wie bereits ausgeführt, durch Landesgesetze geregelt. Alle Länder Österreichs sehen den Flächenwidmungsplan und den Bebauungsplan als Planungsinstrumente für die Gemeinden vor. Die Aussagen des Flächenwidmungsplanes dürfen den Erfordernissen der überörtlichen Raumplanung des Landes und den verbindlichen Festlegungen des Bundes nicht widersprechen. Verstößt eine Gemeinde gegen die Landesraumordnung, hat das zuständige Amt der Landesregierung die Genehmigung des Flächenwidmungsplanes zu versagen. Umgekehrt muß das Land deklarieren, welche überörtlichen Erfordernisse der Landesraumordnung beachtet werden müssen.

Der Flächenwidmungsplan (zumeist im Maßstab 1 : 5000) hat für das ganze Gebiet einer Gemeinde das „Bauland" (z.B. Wohngebiete, Kerngebiete, Betriebsgebiete, Industriegebiete), die „Verkehrsflächen" und das „Grünland" (land- und forstwirtschaftlich genutzte Flächen, Gärtnereien und Kleingärten, Sportstätten, Friedhöfe, Parkanlagen u.a.) parzellenscharf festzulegen und sonstige, für die örtliche Raumplanung wichtige Angaben zu enthalten. Zu letzteren zählen: Flächen, die durch rechtswirksame überörtliche Planungen für eine besondere Nutzung gewidmet sind (Eisenbahnen, Flugplätze, Bundes- und Landesstraßen u.a.), Flächen, für die auf Grund von Bundes- und Landesgesetzen Nutzungsbeschränkungen bestehen (z.B. Landschaftsschutzgebiete, Objekte unter Denkmalschutz, Bann- und Schutzwälder, Gefahrenzonen gemäß dem Forstgesetz 1975) und Flächen, die auf Grund ihrer natürlichen Gegebenheiten zur Bebauung ungeeignet sind (z.B. weil sie rutsch-, bruch-, steinschlag-, wildbach- oder lawinengefährdet sind). Die Kenntlichmachung dieser Angaben sichert einerseits die Qualität der örtlichen Raumplanung und fördert andererseits die Koordinierung der Maßnahmen des Bundes und des Landes von der Warte der Gemeinde aus. Mit dem Flächenwidmungsplan als Verordnung wird bestimmt, wo zukünftige bestimmte Bauführungen erlaubt sind. Somit erfolgt eine wesentliche Beeinflussung des örtlichen Bodenmarktes, was viele Interessenkonflikte verschärft hat. Zahlreiche Gemeinden haben deshalb das Bauland in überreichem Maße ausgewiesen.

Der Bebauungsplan stellt eine Detaillierung der Aussagen des Flächenwidmungsplanes über das Bauland dar. Er zeigt lagerichtige Angaben über die öffentlichen Verkehrswege sowie über einzuhaltende Bestimmungen bei der Errichtung von Gebäuden.

Beachtenswert ist die Weiterentwicklung der örtlichen Raumplanung zur „örtlichen Raumordnung". In den Ländern Niederösterreich, Oberösterreich und Steiermark und jüngst auch in Salzburg sind die Gemeinden gehalten, zum Flächenwidmungsplan auch die Maßnahmen anzugeben, die zur Verwirklichung der Raumordnungsziele der Gemeinden erforderlich sind (in Niederösterreich: „örtliches Raumordnungsprogramm", in Salzburg und Steiermark: „örtliches Entwicklungskonzept").

Die Leistungsfähigkeit der örtlichen Raumplanung (Raumordnung) hängt ganz von der Einstellung der Gemeindebevölkerung und ihrer Mandatare ab. Es zeichnen sich in ihr auch kulturelle Züge der Länder ab. Bereits Mitte 1977 hatten 52 % der Gemeinden Österreichs einen rechtskräftigen Flächenwidmungsplan, 38 % der Gemeinden einen solchen in Ausarbeitung. In wenigen Jahren sollen alle Gemeinden Österreich im vollem Umfange zur örtlichen Raumplanung beitragen.

VII. Allgemeine Ziele der Raumordnung

Umfangreiche Zielkataloge sind in Österreich bisher nur durch die Raumordnungsgesetze der Länder rechtsverbindlich formuliert worden. Ziele zu einigen Fachkompetenzen des Bundes sind in wenigen Gesetzen enthalten, so z.B. im Forstgesetz 1975 bezüglich der forstlichen Raumordnung. Für die Raumordnung im funktionalen Sinn gibt es natürlich viele entsprechende Zielformulierungen.

Während die Zielvorgaben bei den älteren Landesraumordnungsgesetzen noch ziemlich vage auf eine „zusammenfassende Vorsorge für eine den Gegebenheiten der Natur, den abschätzbaren wirtschaftlichen, sozialen und kulturellen Erfordernissen im Interesse des Gemeinwohles entsprechende Ordnung des Landesgebietes oder einzelner Landesteile" (Burgenländisches Raumplanungsgesetz 1969) hinauslaufen, enthalten die neueren Gesetze umfangreiche Zielkataloge. Im Vordergrund steht die Schaffung oder Sicherung günstiger, möglichst gleichwertiger Lebensbedingungen in allen Landesteilen, insbesondere durch Ausnutzung geeigneter Standortbereiche für Produktion und Dienstleistung, die nachhaltige Nutzung des Naturraumpotentials und die behutsame Weiterentwicklung und Landschaftspflege der gewachsenen Lebensräume mit den Initiativen der einheimischen Bevölkerung. Auch der „Sicherung der lebensbedingten Erfordernisse, insbesondere zur Erhaltung der physischen und psychischen Gesundheit der Bevölkerung, vor allem

Schutz vor Lärm, Erschütterungen, Verunreinigungen der Luft, des Wassers und des Bodens sowie vor Verkehrsunfallsgefahren" (Niederösterr. Raumordnungsgesetz 1976) wird große Bedeutung beigemessen.

Mit Stand 1973 hat die Österreichische Raumordnungskonferenz (ÖROK) eine vergleichende Übersicht der Raumordnungsziele der Länder und anderer Herkunft erarbeiten lassen, die eine große Übereinstimmung in den wichtigen Anliegen der Raumordnung erkennen ließen.

Diese Situation erleichterte das Vorhaben, im Wege der ÖROK einen für Bund, Länder und Gemeinden gemeinsamen Zielkatalog der Raumordnung im Jahre 1975 zu beschließen. Dieser Katalog weist keine Rechtsverbindlichkeit auf, besitzt aber große Autorität, weshalb die wichtigsten Ziele im folgenden angeführt werden sollen.

Der Katalog der Österr. Raumordnungskonferenz gliedert die Ziele in staatspolitische Grundsätze, in gesellschafts- sowie wirtschaftsbezogene Ziele und schließlich in raumbezogene Ziele. Er ist im Zweiten Raumordnungsbericht der ÖROK (S. 38–40) abgedruckt. – Die staatspolitischen Grundsätze beachten insbesondere die Unabhängigkeit und die immerwährende Neutralität Österreichs, die Bewahrung der Grundprinzipien der Bundesverfassung, die Erhaltung des gesamtstaatlichen Zusammenhaltes, die Beachtung des bundesstaatlichen Aufbaues Österreichs und die internationale Zusammenarbeit. – Die gesellschaftsbezogenen Ziele gehen von der Forderung aus, die Lebensbedingungen für die Bevölkerung zu sichern und zu verbessern, wobei die Herstellung von möglichst gleichwertigen und ausgewogenen Lebensbedingungen in ganz Österreich anzustreben ist. Dazu müssen die ökologischen Grundvoraussetzungen menschlicher Existenz sichergestellt und die Bevölkerung vor Gefährdung durch Naturgewalten und Umweltschäden bestmöglichst geschützt werden. Weiter ist die Versorgung der Bevölkerung mit Wohnungen, mit ausreichenden und angemessenen Erwerbsmöglichkeiten sowie mit Dienstleistungseinrichtungen, Erholungsgelegenheiten bestmöglich zu gewährleisten. Auch sollen möglichst gleichwertige Bildungschancen gegeben sein. Vorzusorgen ist für die Erhaltung der Gesundheit der Bevölkerung und die Betreuung von hilfsbedürftigen Menschen. – Die wirtschaftsbezogenen Ziele sagen besonders aus, daß die Versorgungserfordernisse der Bevölkerung durch eine langfristig ausgewogene Entwicklung der Wirtschaft, der Infrastruktur und des Wohnungswesens nach entsprechender Strukturanpassung abgesichert und ermöglicht werden sollen. Teilziele betreffen die Landwirtschaft, die Forstwirtschaft, Industrie und Gewerbe, den Fremdenverkehr, öffentliche und private Dienstleistungen und den Umweltschutz. – Die raumbezogenen Ziele berücksichtigen insbesondere die Entwicklung von Teilräumen im größeren Zusammenhang, die Ausnützung natürlicher Voraussetzungen unter Berücksichtigung der Initiativen der dort wohnenden Bevölkerung sowie die Entwicklung von Siedlungssystemen, die eine ausgewogene Bevölkerungsverteilung und bestmögliche Abstimmung der Standorte für Wohnungen, wirtschaftliche Unternehmungen und öffentliche Einrichtungen sowie der Erholung mit dem linearen Verkehrssystem gewährleisten.

Zu diesem allgemeinen Zielkatalog hat die Österreichische Raumordnungskonferenz besondere Kataloge für die städtischen Verdichtungsräume, für die Berggebiete und für die Grenzgebiete gegenüber der Tschechoslowakei, Ungarn und Jugoslawien beschlossen. Auch diese haben keine Rechtsverbindlichkeit.

VIII. Vorstellung zur Raumstruktur und Raumorganisation

Die Vorstellungen zur Raumordnung haben auch in Österreich im Verein mit den tiefgreifenden sozialen und wirtschaftlichen Strukturänderungen und dem technischen Fortschritt manche Veränderung erfahren. So wurde in der städtischen Raumordnung früher dem Individualverkehr der Vorrang eingeräumt. Jetzt wird wieder der Wert der öffentlichen Verkehrsmittel erkannt. Mit der Einführung der Fußgängerzonen und ihrer Verkehrsberuhigung wurden bessere Wohnbedingungen in ihrem Umkreis geschaffen. Die Altstadterneuerung ist nun nicht mehr nur ein Problem des Denkmalschutzes. Auch in ländlichen Gebieten kam es zu verschiedenen Umwertungen. In Fremdenverkehrsgebieten wird die Notwendigkeit einer gepflegten Kulturlandschaft nicht nur gesehen, sondern Maßnahmen zur Erhaltung von Bauernhöfen mit Viehhaltung durchgeführt. Die Beispiele ließen sich fortsetzen.

Bezüglich der Vorstellungen zur regionalen Raumorganisation steht seit einiger Zeit das Modell einer regelhaft im Raum verteilten Hierarchie zentraler Orte im Vordergrund der Diskussion. So berücksichtigen die Länder Kärnten, Niederösterreich, Oberösterreich, Salzburg und Steiermark die zentralen Orte als Elemente der Raumordnung, z.T. in rechtsverbindlicher Form. In den Ländern Burgenland, Niederösterreich, Oberösterreich und Steiermark sind Ober- und Mittelzentren als Mittelpunkte von Planungsregionen ausgewiesen. Diese Länder und Tirol verwenden die Planungsregionen auch als räumliche Einheiten für die Aufstellung von regionalen Entwicklungsprogrammen.

Die zentralen Orte sollen bevorzugt Ansatzpunkte für die wirtschaftliche Entwicklung sein, und zwar hinsichtlich ihrer Dienstleistungsfunktion und auch als Arbeitszentren. Deshalb spricht man auch von einem Prinzip der dezentralisierten Konzentration innerhalb eines hierarchischen Siedlungssystems.

Im Rahmen der neueren Beratungen in der Österreichischen Raumordnungskonferenz über das österreichische Raumordnungskonzept wurde auf Betreiben des Bundeskanzleramtes das Problem der peripheren Gebiete diskutiert. Die wegen ihrer Verkehrsabgelegenheiten benachteiligten Gebiete besitzen in ihrer Nähe vielfach nur schwach entwickelte zentrale Orte. Ihr Niveau entspricht der relativ niedrigen Bevölkerungsdichte und der geringen Kaufkraft der Bevölkerung. Deshalb wird überlegt, bestimmte lagemäßig und ausstattungsmäßig geeignete zentrale Orte als „Entwicklungszentren" auszuweisen und besonders zu fördern. Der Gedanke hat sozialpolitisch viel für sich. Seiner Realisisierung stehen wegen des zur Zeit nun stark abgeschwächten Wirtschaftswachstums und der sehr geringen Neigung der Unternehmer, in randlichen Gebieten neue Industriebetriebe zu errichten, große Schwierigkeiten entgegen. Für die „nicht peripheren" Gebiete wurde in diesem Zusammenhang diskutiert, die Bedingungen der Pendelwanderung in die großstädtisch geprägten „Zentralräume" durch Ausbau von Eisenbahnen für den Schnellverkehr zu verbessern, um so die Vorteile der noch immer anhaltenden wirtschaftlichen Dynamik und des reichhaltigen Arbeitsmarktes ohne stärkere Zuwanderung in die Verdichtungsgebiete nützen zu können.

IX. Ausblick

Die moderne Raumordnung hat sich in Österreich zur Zeit langanhaltender Hochkonjunktur mit starker Siedlungs- und Wirtschaftsentwicklung ausgebreitet. Es wurde zu zeigen versucht, daß in die Raumordnung alle Gebietskörperschaften mit verschiedenen Funktionen einbezogen sind. Die Zielvorstellungen sind ziemlich einheitlich auf eine allgemeine Verbesserung und regionale Angleichung des Lebensstandards der Bevölkerung ausgerichtet. Die Hauptlast der umfassenden Raumplanung liegt eindeutig bei den Ländern und Gemeinden. Dem Bund kommt vor allem die Obsorge für große Bereiche der Infrastruktur und die wirtschaftliche Regionalpolitik zu, wofür er eine leistungsstarke Fachplanung entwickelt hat. Die Koordinierung zwischen Land und Gemeinden ist rechtlich geregelt und einfach, zwischen Ländern und Bund rechtlich kompliziert, aber praktizierbar. Insgesamt muß Raumordnung als ein Prozeß gesehen werden, bei dem sich auch die Zielvorstellungen ändern. Es hat den Anschein, daß mit dem geringen Wirtschaftswachstum, aber auch mit den zukünftig stärkeren regionalen Bevölkerungsabnahmen vordringlich neue Wege für die Raumordnung gesucht werden müssen.

Anhang

Tabelle 1 *Wichtige Strukturdaten*

Bundesland	Wohnbevölkerung (1971)	Katasterfläche (km 2)	Dauersiedlungsraum (km 2)	Bevölkerungsdichte +)	Anzahl der Gemeinden (1977)
Wien	1 614 841	415	294	5 484	1
Nieder-Österr.	1 414 161	19 170	11 928	119	558
Ober-Österr.	1 223 444	11 978	7 032	174	445
Steiermark	1 192 100	16 384	5 749	207	544
Tirol	540 771	12 648	1 894	286	278
Kärnten	525 728	9 533	2 861	184	121
Salzburg	401 766	7 155	1 659	242	119
Burgenland	272 119	3 965	2 680	102	138
Vorarlberg	271 473	2 601	765	355	96
Österreich	7 456 403	83 849	34 862	214	2 300

+) Einwohner je km^2 Dauersiedlungsraum

Quelle: Statistisches Handbuch für die Republik Österreich, XXVIII. Jg. (N.F.), hrg. v. Österr. Statistischen Zentralamt, Wien 1978.

Abb. 1/2
RELIEF

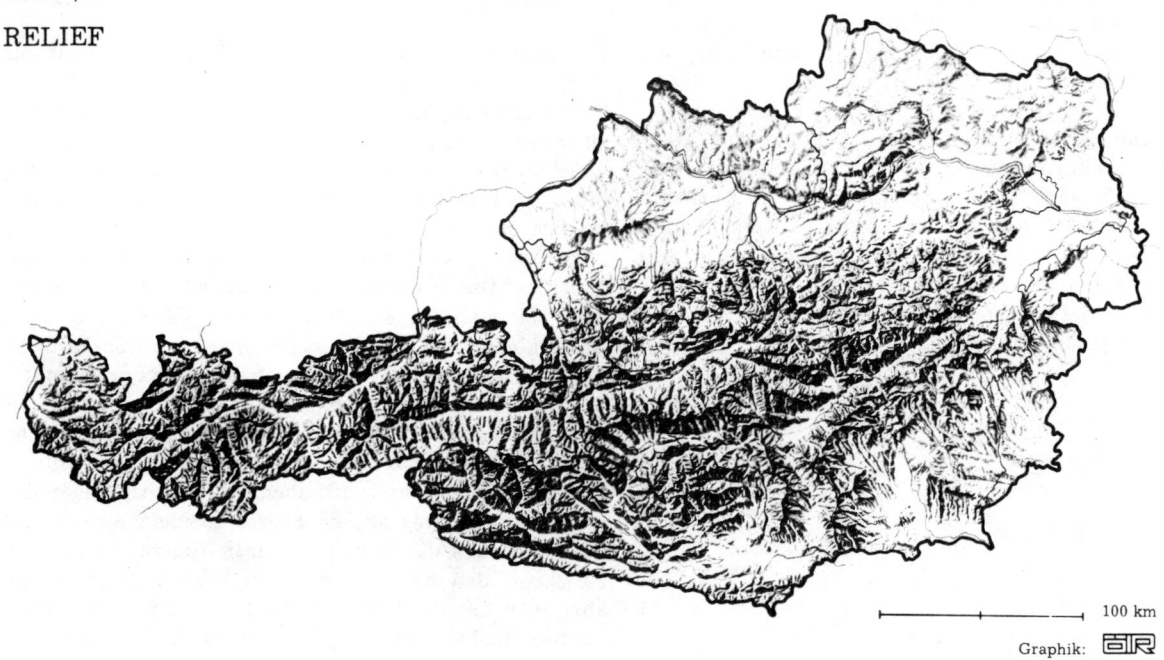

Abb. 1/3
BEVÖLKERUNGSVERTEILUNG

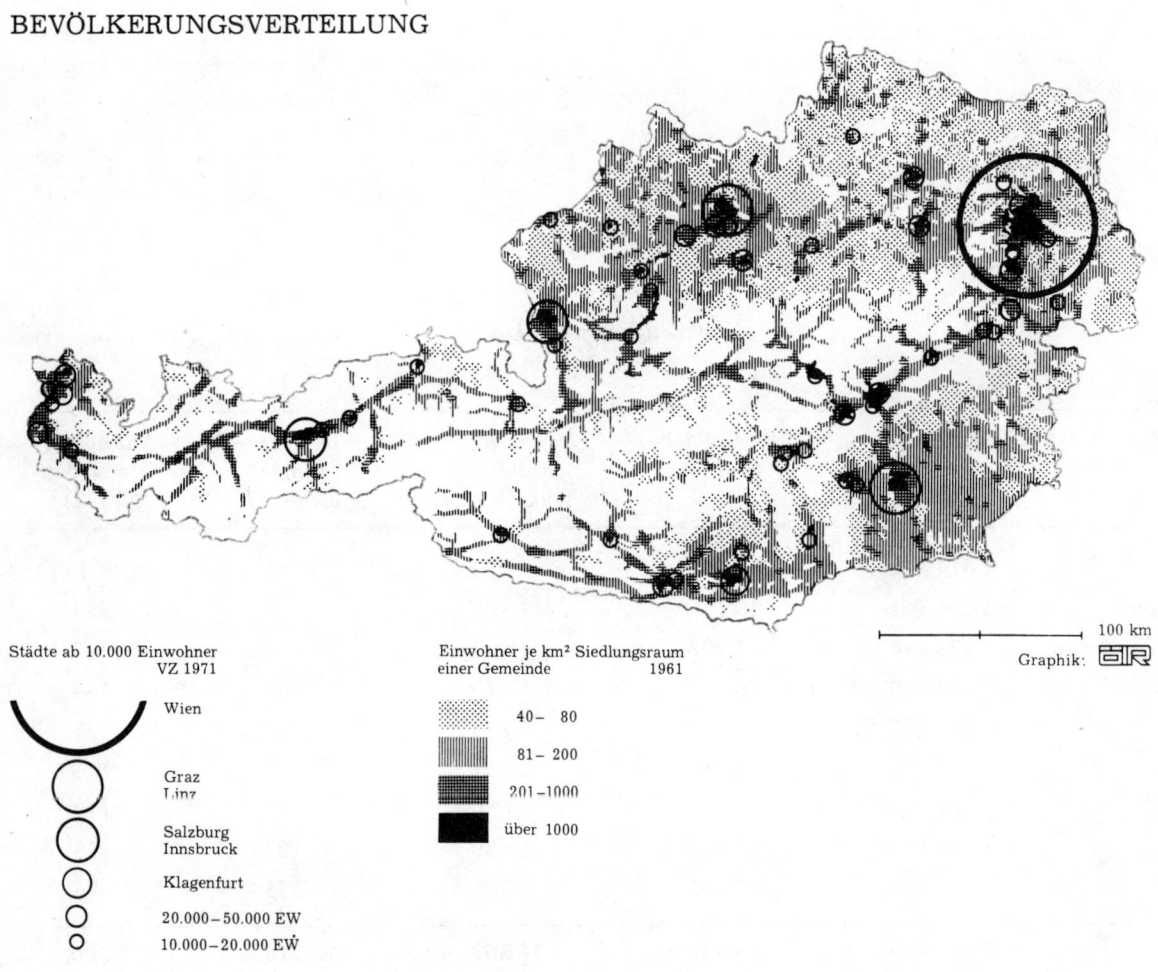

Quelle: Abb. 1/2 und 1/3 des Ersten Raumordnungsberichtes der Österreichischen Raumordnungskonferenz, Schriftenreihe Nr. 8, Wien 1975.

Literaturnachweis

Bundeskanzleramt (Bundespressedienst) (Hrg.): Raumordnung in Österreich. Leitlinien und Aktionsprogramm der Bundesregierung – Expertengutachten. Wien 1969.

Bundeskanzleramt (Büro für Raumplanung): Regionalpolitik in Österreich. Bericht des Bundeskanzleramtes (Büro für Raumplanung) an die OECD, Arbeitsgruppe Nr. 6 des Industriekomitees. In: ÖROK-Schriftenreihe Nr. 3, Wien 1973.

Conditt, Georg: Stadterneuerung und Stadterweiterung in den österreichischen Ballungsräumen. In: ÖROK-Schriftenreihe Nr. 11, Wien 1978.

Evers, Hans-Ulrich: Regionalplanung als gemeinsame Aufgabe von Staat und Gemeinden (unter Mitarbeit von *Berka, Walter* und *Mühlbacher, Wolfgang*. In: Schriftenreihe d.Ö.Ges.f.Raumforschung und Raumplanung, Bd. 33, Wien-New York 1976.

Fröhler, Ludwig und *Oberndorfer, Peter:* Österreichisches Raumordnungsrecht. Planungsnormstruktur, Planungsträger und -instrumente, Planung und Eigentumsrecht. In: Schriftenreihe d.Inst.f.Raumordnung und Umweltgestaltung, Bd. 1, Linz 1975.

Fröhler, Ludwig, Oberndorfer, Peter und *Zehetner, Franz:* Rechtsprobleme grenzüberschreitender Raumplanung. Koordinationsnotwendigkeiten, Koordinationsmöglichkeiten. In: Schriftenreihe d.Inst.f.Raumordnung und Umweltgestaltung, Bd. 4, Linz 1977.

Institut für Stadtforschung (Hrg.): Rechtsvorschriften zu Umweltschutz und Raumordnung, Wien – New York (ab 1973), Loseblattsammlung.

Ludwig, Siegfried und *Silberbauer, Gerhard:* Region, Regionalplanung, Regionalpolitik. Planung heute und morgen am Modell Niederösterreich, St. Pölten-Wien 1976.

Miehsler, Herbert: Grundsätze und Ziele der internationalen Raumordnung in Bezug auf Österreich. In: ÖROK-Schriftenreihe Nr. 10, Wien 1977.

Österr. Institut für Raumplanung: Raumordnung in Österreich. Bericht an Bund, Länder und Interessenvertretungen als Träger des Österr. Institutes für Raumplanung. In: Veröffentl.d.ÖIR Nr. 30, Wien 1966.

Österr. Institut für Raumplanung: Der städtische Lebensraum in Österreich. In: Schriften des Inst.f.Stadtforschung, Nr. 2, Wien 1971.

Österr. Institut für Raumplanung: Der ländliche Raum in Österreich. In: Veröffentl. d. ÖIR Nr. 37, 2. Auflage, Wien 1975.

Österr.Ges.f.Raumforschung u. Raumplanung (Hrg.): Strukturanalyse des österr. Bundesgebietes, Bd. 1 und 2, Kartenband, Wien 1970.

Österr. Raumordnungskonferenz: ÖROK-Regionalpolitik im Grenzgebiet gegenüber Bayern. In: ÖROK-Schriftenreihe Nr. 4, Wien 1974.

Österr. Raumordnungskonferenz: Einheitliche Grundsätze für die anzustrebende Raumordnung, Gutachten des Österr. Raumordnungsbeirates mit Expertengutachten von *Ralph Unkart, Gottfried Feurstein* und *Herbert Miehsler:* Raumordnungsziele in Österreich (Grundsätze, Katalog, Probleme). In: ÖROK-Schriftenreihe Nr. 5, Wien 1974.

Österr. Raumordnungskonferenz: Die Grenzgebiete Österreichs. In: ÖROK-Schriftenreihe Nr. 7, Wien 1975.

Österr. Raumordnungskonferenz: Erster Raumordnungsbericht. In: ÖROK-Schriftenreihe Nr. 8, Wien 1975.

Österr. Raumordnungskonferenz: Literatur zur Raumforschung und Raumplanung in Österreich – ÖROK-Dokumentation 1977/1. In: ÖROK-Schriftenreihe Nr. 12, Wien 1978 (wird fortgesetzt).

Österr. Raumordnungskonferenz: Zweiter Raumordnungsbericht. In: ÖROK-Schriftenreihe Nr. 14, Wien 1978.

Pernthalter, Peter: Raumordnung und Verfassung. 1. Bd.: Raumordnung als Funktion und Schranke der Gebietshoheit. In: Schriftenreihe d.Ö.Ges. f. Raumforschung u. Raumplanung, Bd. 18, Wien–New York 1975.

Rill, Heinz Peter: Einführung zur Kommentierung von Bestimmungen des Bundes-Verfassungsgesetzes. In: Rechtsvorschriften zu Umweltschutz und Raumordnung, hrg. Inst. f. Stadtforschung, Wien–New York, Wien 1966 (11. Lieferung, S. 1–89).

Rill, Heinz Peter und *Schäfer, Heinz:* Die Rechtsnormen für die Planungskoordinierung seitens der öffentlichen Hand auf dem Gebiete der Raumordnung (Stand und Entwicklungsmöglichkeiten). In: ÖROK-Schriftenreihe Nr. 6, Wien 1975.

Rill, Heinz Peter und *Schäfer, Heinz:* Investitionsplanung und Raumordnung – Möglichkeiten der Aufstellung von Investitionsprogrammen und ihrer Abstimmung mit Raumordnungskonzepten. In: ÖROK-Schriftenreihe Nr. 16, Wien 1978.

Schiff, Herbert und *Bochsbichler, Karl:* Die Bergbauern. Analyse einer Randgruppe der Gesellschaft. Wien o.J. (1977).

Silberbauer, Gerhard: Die Raumordnung auf überörtlicher Ebene. In: *Blaha, Walter, Launsky-Tieffenthal, Walter* u. *Silberbauer, Gerhard:* Raumordnung, wie und warum. NÖ Raumordungsgesetz 1976 in Theorie une Praxis. St. Pölten-Wien 1977, S. 49–81.

Stiglbauer, Karl: Raumordnung und Geographie in Österreich (1945–1975). Bemerkungen zu einem Literaturverzeichnis. In: Österreich. Geographie, Kartographie, Raumordnung 1945–1975, hrg. v.d.Ö.Geogr.Ges., Wien 1975, S. 215–260.

Stiglbauer, Karl und *Lackinger, Otto:* Zentrale Orte im Grenzraum. Untersuchung des oberösterreichisch-bayerischen Grenzgebietes. In: Schriftenreihe d. Inst. f. Raumordnung und Umweltgestaltung, Bd. 5, Linz 1977.

Stiglbauer, Karl und *Lackinger, Otto:* Ziele der Raumordnung für den oberösterreichisch-bayerischen Grenzraum. In: Schriftenreihe d. Inst. f. Raumordnung und Umweltgestaltung, Bd. 10, Linz 1980.

Unkart, Ralph: Einführung zu den Raumordnungsgesetzen. In: Rechtsvorschriften zu Umweltschutz und Raumordnung, hgs. Inst. f. Stadtforschung, Wien – New York, Wien 1975 (8. Lieferung, S. 1–36).

Verbindungsstelle der Bundesländer (Hrg.): Raumordnungspraxis in den Bundesländern, Ausschnitte und Querschnitte. Bd. 1, Wien 1976, Bd. 2 Wien 1980.

Wurzer, Rudolf: Einzelinteressen und Raumordnung. Fünf Jahre Landesplanung für Kärnten (1948–1952). Hrg. v. Amt d. Kärntner Landesregierung, Klagenfurt 1953.

Raumordnung in der Schweiz

von
Martin Lendi, Zürich

INHALT

I. Politische Grundlagen

II. Rechtsgrundlagen der Raumordnung
   a) Nominales Raumordnungsrecht
   b) Funktionales Raumordnungsrecht

III. Räumliche Grundvoraussetzungen und Probleme

IV. Raumordnungspolitische Zielsetzungen und Maßnahmen
   a) Zielsetzungen
   b) Maßnahmen
   c) Konzeptionen oder Einzelmaßnahmen?

V. Künftige Aufgaben

Materialien

Literaturhinweise

Zeitschriften

I. Politische Grundlagen

Das Bild der Schweiz ist vielgestaltig. Sie ist reich an Landschaften, Kulturen, Sprachen, Konfessionen. Die Romandie ist nicht die Deutschschweiz, und der Basler ist kein Tessiner. Der Vielgestaltigkeit entspricht ein föderatives Staatsgebilde, das sich aus über 3 000 Gemeinden und 26 Kantonen (Ländern) zusammensetzt. Die Schweiz gehört nicht zu den Zentralstaaten. Aus dem ursprünglichen losen Staatenbund hat sich im 19. Jahrhundert ein Bundesstaat entwickelt, dessen Stärke darin liegt, daß er das Erfordernis der staatlichen Einheit mit dem Schutz der Minderheiten verbindet. Der Bundesstaat baut auf den drei Staatsebenen der Gemeinden, der Kantone und des Bundes auf.

Im Staatsgedanken der Schweizerischen Eidgenossenschaft ist sodann die Genossenschaftsidee eingeschlossen. Sie rückt die Menschen als Glieder der staatlichen Gemeinschaft in den Vordergrund, die bereit sind, über die staatlichen Pflichten hinaus im „Milizsystem" für die Öffentlichkeit tätig zu sein und einander beizustehen. Von daher kommt auch das – durch den Sozialstaat in der Ausprägung der zweiten Hälfte des 20. Jahrhunderts allerdings überlagerte – Subsidiaritätsprinzip, wonach der Staat nur dann tätig werden soll, wenn die nämliche Aufgabe nicht ebenso gut durch Private wahrgenommen werden kann. Vor allem aber wird die schweizerische Staatsidee durch die Demokratie geprägt, die auf der Gemeindeebene, in den Kantonen und selbst auf Bundesebene nicht nur eine repräsentative (parlamentarische) ist, sondern zahlreiche Elemente der direkten Demokratie aufweist. Die politischen Mechanismen der Schweiz lassen sich ohne die genauere Betrachtung der Institute der Volksinitiative und des obligatorischen oder fakultativen Referendums nicht verstehen. Das Rechtsstaatspostulat hat sich selbstverständlich auch in der Schweiz durchgesetzt. Allerdings ist der formelle Rechtsstaat – insbesondere die Gewaltentrennung – nicht in allen Teilen artrein durchgeführt. So können die Bundesgesetze, mit Rücksicht auf die Demokratie der Gesetzgebung, nicht auf ihre Verfassungsmäßigkeit überprüft werden. Im übrigen ist die Schweiz ein Vielparteienstaat, beherrscht vom Proporzgedanken mit Kollegialregierungen auf Bundes- und Kantonebene. Zusammenfassend läßt sich die Schweiz als ein liberaler, demokratischer, föderativer und sozialer Rechtsstaat bezeichnen.

Die geltende Rechtsordnung gründet auf der Bundesverfassung aus dem Jahre 1874, die im Kern auf die Verfassung von 1848 zurückgeht. Sie wurde und wird laufend revidiert. Gegenwärtig sind Bestrebungen im Gange, die Verfassungsurkunde einer Totalrevision zu unterziehen. Die größten Probleme bietet dabei die Aufgabenteilung zwischen dem Bund und den Kantonen. Des weiteren steht die Aufgabe an, die Verfassung mit den Anforderungen des Ordnungs-Leistungs-Interventionsstates und den damit verbundenen Problemen einer wachsenden Bürokratie in Einklang zu bringen und eine Entwicklung einzuleiten, welche einer Überschüttung der allgemein anerkannten Staatsidee durch die tatsächliche Entwicklung verhindert. Ob sich eine Totalrevision der Bundesverfassung verwirklichen läßt, ist offen. Unbestritten ist hingegen die Notwendigkeit, das geltende Recht laufend den Bedürfnissen anzupassen, ohne seinen normativen Gehalt zu mindern. Die Anforderungen der komplexen Wirklichkeit veranlassen sowohl den Bund als auch die Kantone, die sektoralen Staatstätigkeiten vermehrt durch eine vorausschauende Politik zusammenzufassen und aus der Gesamtschau zu steuern. Die Instrumente der politischen Planung werden Schritt für Schritt ausgebaut, ohne aber die ihr gesetzten Grenzen der Demokratie der Gesetzgebung, der parlamentarischen Aufsicht usw. zu überschreiten.

II. Rechtsgrundlagen der Raumordnung

a) Nominales Raumordnungsrecht

Das nominale Raumordnungsrecht (in der Schweiz spricht man durchgehend vom Raumplanungsrecht – der Begriff der Raumordnung ist nach helvetischem Sprachgebrauch nicht eine Tätigkeit, sondern steht für einen gegenwärtigen oder zukünftigen räumlichen Zustand) verfügt nicht über eine lange Geschichte, sieht man vom mittelalterlichen und neueren „Baupolizeirecht" der Städte ab, das planerische Elemente enthielt. Erst zu Beginn der dreißiger Jahre – Sonderfälle sind vorbehalten – begannen die

Gemeinden Reglemente zu erlassen, die Instrumente der räumlichen Ordnung enthielten. Die Entwicklung setzte also auf der örtlichen Ebene ein. Im Vordergrund standen dabei die Instrumente des Zonenplans, ein grundeigentums-verbindlicher Flächenwidmungsplan, und des Baulinienplans. Dieser wurde später zum Überbauungsplan und noch differenzierter zum Gestaltungsplan weiter entwickelt. Der Zonenplan umfaßte ursprünglich lediglich das Baugebiet und klammerte den ländlichen Raum als „übriges Gebiet" aus. Schritt für Schritt setzte dann die überörtliche Planung ein — vorerst als Regionalplanung —, die im wesentlichen von interkommunalen Zweckverbänden öffentlich- bzw. privatrechtlicher Rechtsnatur getragen wurde. Die Kantone schufen die dazu erforderlichen gesetzlichen Grundlagen. Als Instrumente dienten der Regionalplanung unverbindliche oder wegleitende Richtpläne, deren wesentliche Aufgabe darin bestand, die kommunalen Zonenpläne aufeinander abzustimmen und die überkommunalen Bedürfnisse bezüglich Landschaft, Siedlung, Verkehr, Versorgung und öffentlicher Bauten aufzuzeigen. Die im Lauf der Zeit differenzierter werdende gesetzliche Regelung der Raumordnung wurde in die kantonalen Baugesetze eingegliedert. Diese Entwicklung erreichte ihren Höhedunkt ungefähr zu Beginn der sechziger Jahre. Gegen deren Ende setzte sich die zweifache Erkenntnis durch, daß jeder Kanton über eine ausgebaute Planungs- und Baugesetzgebung verfügen soll und daß das Instrumentarium der Raumordnung um einen Plan der kantonalen Ebene ergänzt werden müsse. Dafür bot sich der für Behörden verbindliche oder für sie wegweisende Richtplan an, der anfänglich ähnlich dem Regionalplan eine überörtliche Flächenwidmungsplanung aufzeigte. Am Ende der siebziger Jahre verfügten alle Kantone über ein nominales Raumordnungsrecht, das allerdings nach wie vor eng mit der kantonalen Baugesetzgebung verbunden ist. Die Trennung von Raumordnungsrecht und Baurecht ist dem schweizerischen Recht auf kantonaler und kommunaler Ebene weitgehend fremd.

Auf der Bundesebene war die Entwicklung eines nominalen Raumordnungsrechtes gehemmt, weil der Bund bis zum Jahre 1969 nicht über die erforderliche Gesetzgebungskompetenz verfügte. Um so mehr sah sich der Bund vor die Aufgabe gestellt, das funktionale Raumordnungsrecht als Instrument der Raumordnungspolitik einzusetzen. Er hat dies — beispielsweise — auf dem Gebiet des Nationalstraßenbaues und der Landwirtschaftspolitik wie auch zum Schutze der Berggebiete nachhaltig getan. Mitte der sechziger Jahre wurde der politische Druck auf Erlaß einer Verfassungsgrundlage der Bundesebene immer größer, weil sich gezeigt hatte, daß im Rahmen der sektoralen Fachplanung die räumliche Gesamtsicht zu kurz kam. So wurde vor allem im Zusammenhang mit der Wohnbauförderung und der Landwirtschaftspolitik das Fehlen einer bundesrechtlichen Regelung der Raumordnung beklagt. Am 14. September 1969 stimmten Volk und Stände (Kantone) einem Bundesverfassungsartikel 22quater (gleichzeitig mit einer Verfassungsbestimmung über die Eigentumsgarantie — Art. 22ter) zu. Diese Bestimmung verpflichtet den Bund, auf dem Wege der Gesetzgebung Grundsätze für eine durch die Kantone zu schaffende Raumplanung zu erlassen, die der zweckmäßigen Nutzung des Bodens und der geordneten Besiedlung des Landes dient. Im übrigen wird der Bund angehalten, die Bestrebungen der Kantone zu koordinieren und mit ihnen zusammenzuarbeiten. Ferner ist er gehalten, bei der Erfüllung seiner eigenen Aufgaben die Erfordernisse der Orts-, Regional- und Landesplanung, das heißt der örtlichen, der kantonalen und der nationalen Raumordnung zu berücksichtigen. Diese Kompetenzregelung schließt keine Ermächtigung zur Baugesetzgebung ein. Der Bund ist deshalb gehalten, das Raumordnungsrecht — im Gegensatz zur Entwicklung auf kantonaler Ebene — getrennt vom Baurecht selbständig zu lösen. Neu ist ferner, daß die Bestimmung die Grenzen, wie sie vom traditionellen kantonalen Raumplanungsrecht in Richtung auf die Flächenwidmungsplanung gezogen wurden, sprengt. Sie erkennt dem nominalen Raumordnungsrecht zusätzlich die Aufgabe zu, die Voraussetzungen für eine steuernde Wirkung auf die Anwendung des funktionalen Raumordnungsrechts auszuüben.

Nachdem ein erster Entwurf zu einem Bundesgesetz über die Raumplanung in der eidgenössischen Volksabstimmung vom 13. Juni 1976 abgelehnt worden war, erließ das Parlament das Bundesgesetz über die Raumplanung vom 22. Juni 1979, das seit dem 1. Januar 1980 in Kraft ist. Eine neuerliche Volksabstimmung war nicht notwendig, weil das Referendum nicht ergriffen wurde. Im Vergleich zum abgelehnten ist das neue Gesetz wesentlich einfacher konzipiert; es verzichtet auf eine breite Instrumentierung und läßt den Kantonen einen größeren Spielraum.

In seiner Einleitung legt das Bundesgesetz die Ziele sowie Planungsgrundsätze (Art. 1 und 3) fest. Es begründet die Planungspflicht des Bundes, der Kantone und der Gemeinden, die angehalten werden, im Rahmen einer durchgehenden Planung zusammenzuwirken (Art. 2). Im übrigen stellt es die Grundsätze der Information und der Mitwirkung der Öffentlichkeit auf (Art. 4). In einem zweiten Titel werden die Maßnahmen der Raumordnung angesprochen, insbesondere die Instrumente. Es geht dabei um die Richtpläne der Kantone und die Nutzungspläne. Ein nationaler Plan der Bundesebene ist nicht vorgesehen. (Der Bund erläßt lediglich Sachpläne, die mit ihrem materiellen, raumrelevanten Gehalt in die kantonalen Richtpläne als zentrales Instrument der Raumordnung einfließen.) Die Richtpläne sind behördenverbindlich und enthalten mindestens einen konzeptionellen und einen programmatischen Teil (Art. 8 und 9). Sie werden durch die Kantone erlassen, die Zuständigkeit und Verfahren regeln. Vorbehalten ist die Genehmigung durch den Bund, die erteilt werden muß, wenn sie dem Gesetz entsprechen und wenn sie die raumwirksamen Aufgaben des Bundes angemessen berücksichtigen (Art. 10 ff.). Die Richtpläne nach dem Bundesgesetz unterscheiden sich deutlich von den Richtplänen nach altem — kantonalem — Recht, welche sich weitgehend auf Aussagen der Flächenwidmung beschränken. Demgegenüber handelt es sich beim Richtplan nach neuem Bundesrecht um ein Instrument der konzeptionellen und programmatischen Entwicklungsplanung mit Steuerungseffekt auf die raumwirksamen Tätigkeiten der öffentlichen Hand in all ihren Ausformungen. Er kann mit einem verbindlichen Landesentwicklungsprogramm verglichen werden. Die Nutzungspläne sind im Gegensatz zu den Richtplänen grundeigentumsverbindlich (Art. 14/21). Sie ordnen die zulässige Nutzung des Bodens, das heißt sie dimensionieren und lokalisieren die gesetzlich zulässigen Nutzungsarten, wobei das Bundesrecht die Bauzone, die Landwirtschaftszone und einzelne Schutzzonen legaliter definiert (Art. 15, 16 und 17). Die Kantone können weitere Nutzungszonen vorsehen. Die Nutzungspläne werden in der Regel von den Gemeinden erlassen. Dem Kerngedanken nach geht es bei der bundesrechtlichen Regelung der Flächenwidmung um eine grundeigentumsverbindliche Ausscheidung von Bauzonen und Landwirtschaftszonen mit dem Ziel, das Baugebiet zu begrenzen und das Landwirtschaftsgebiet zu schützen. Gleichzeitig soll der Zersiedlung entgegengewirkt werden. Um das Angebot an baureifem Land nicht zu verknappen, wird für das Bauzonenland eine Erschließungspflicht vorgesehen (Art. 19). Im dritten und vierten Teil befaßt sich das Bundesgesetz mit den Bundesbeiträgen und mit der Organisation der Raumplanung und verpflichtet die Kantone, kantonale Fachstellen zu bezeichnen. Auf Bundesebene wird ein Bundesamt als Linienorgan innerhalb der Departemental (Ministerial-)struktur vorgesehen (Art. 31/32). Der fünfte Titel gilt dem Rechtsschutz.

b) Funktionales Raumordnungsrecht

Neben dem nominalem darf das funktionale Raumordnungsrecht nicht übersehen werden. Raumbedeutsames Recht findet sich dabei nicht nur auf kantonaler Ebene, sondern auch auf derjenigen des Bundes. Hier ist vor allem die Wirtschafts-, die Verkehrs-, die Energie- und auch die Landschaftsschutz-Gesetzgebung von Bedeutung. Im Vergleich zum Ausland darf die Forstpolizei-Gesetzgebung nicht unerwähnt bleiben, welche seit dem Jahre 1902 das Waldareal der Schweiz nach Umfang und Lage integral schützt. Ferner ist die Gesetzgebung für die Investitionshilfe für Berggebiete deshalb besonderer Erwähnung wert, weil das Berggebiet rund 2/3 des schweizerischen Territoriums ausmacht und weil diese Gesetzgebung die Ausarbeitung von regional-wirtschaftlichen Entwicklungs-Konzepten verlangt, die in einem direkten Zusammenhang mit der kantonalen (und regionalen)

Richtplanung gemäß Raumordnungsrecht stehen. Die Umweltschutzgesetzgebung als Spezialgesetzgebung — abgesehen vom qualitativen Gewässerschutzrecht — steht noch aus. Sie wird auf das Raumordnungsrecht abgestimmt, wobei der „präventive" Umweltschutz weitgehend in die Verantwortung der Raumordnung fällt. Auf kantonaler Ebene liegt das Schwergewicht des funktionalen Raumordnungsrechts auf der Bau- und Straßengesetzgebung. Das Erschliessungsrecht ist vor allem in diese Erlasse integriert.

III. Räumliche Grundvoraussetzungen und Probleme

Die Schweiz gliedert sich naturgeographisch in die drei Großlandschaften Jura, Mittelland und Alpen. Das Berggebiet, von dem bereits die Rede war, umfaßt den Jura, die Alpen und die Voralpen. Nur 10 % der Bevölkerung wohnen in diesem ausgedehnten Gebiet, das immerhin — wie bereits erwähnt — 2/3 des Bundesgebietes umfaßt. Daß sich daraus Probleme der Bevölkerungskonzentration im Mittelland und der wirtschaftlichen und sozialen Disparitäten zwischen den Bevölkerungs-Agglomerationen einerseits und den Berggebieten andererseits ergeben, versteht sich von selbst. Die Gesamtfläche der Schweiz mißt 14 293 km^2. Davon sind lediglich 11 685 km^2 oder 28 % landwirtschaftliches Kulturland (ohne Weideland und Wald). Der sogenannte Selbstversorgungsgrad mit landeseigenen Lebensmitteln erreicht nur 60 %, so daß es ein wichtiges nationales Anliegen ist, den landwirtschaftlich genutzten Boden seiner Zweckbestimmung zu erhalten. Die hohe Bedeutung, die der Landwirtschaftspolitik und der Realisierung der bundesrechtlich definierten Landwirtschaftszone zukommt, erklärt sich unter anderem aus der Sorge um die Landesvorsorge (Kriegsvorsorge). Das raumordnungspolitische Anliegen der Erhaltung offener Landschaften verbindet sich also mit einem wirtschaftlichen.

Der schweizerische Kulturraum wird vor allem durch die Sprachgebiete mitbeeinflußt. Die Schweiz kennt vier Landessprachen, deutschsprachig 75 %, französisch 20 %, italienisch 4 % und rätoromanisch 1 %. Die 26 Kantone unterscheiden sich in ihrer kulturellen Eigenart, in ihrer flächen- und bevölkerungsmäßigen Größe und auch in ihrer räumlichen Struktur. Die Unterschiede sind erheblich. Der kleinste Kanton zählt rund 13 000 Einwohner, der größte über 1 Million. Die Kantone weisen geschichtlich geformte Grenzen auf, die einer planerisch-rationalen Gebietsgliederung entgegenstehen, die aber andererseits den Zwang zur grenzüberschreitenden Koordination erhöhen und damit zur grenzüberschreitenden interkantonalen/interregionalen Zusammenarbeit geradezu zwingen. Die Zahl der Gemeinden wird sich in Zukunft nicht wesentlich verändern. Bestrebungen auf lokale Gebietsreformen scheitern an der Autonomie der Gemeinden, dann aber auch in der Angst vor dem Ausbau der Bürokratie, wird doch in den kleineren Gemeinden die Verwaltung zu einem erheblichen Teil im Milizsystem geführt, das neben zahlreichen Nachteilen viele menschliche Werte positiver Art einschließt. Auch überörtliche Gebietsreformen größeren und kleineren Ausmaßes sind in der Schweiz nicht denkbar. Die Postulate auf Einfügung einer planerisch-rational konzipierten Region fanden kein Echo. Die kleinräumige Schweiz erträgt keine zusätzliche Staatsebene, da sie die Staatsstruktur letztlich nicht vereinfachen, sondern schwerfällig gestalten würde. Die im Jahre 1978 erfolgte Herauslösung des neuen Kantons Jura aus dem Kanton Bern ist seit der Gründung des Bundesstaates im Jahre 1848 die größte territoriale Veränderung (vgl. Karte 1).

Die Bevölkerung zählte anfangs 1980 rund 6,3 Millionen Einwohner. Davon waren 15 % Ausländer. Nach über zwei Jahrzehnten eines sprunghaften Bevölkerungswachstums, das auf relativ hohen Geburtenraten und Zuwanderungsüberschüssen beruhte, nahm die Bevölkerung zwischen 1974 und 1978 ab. Seither ist aufgrund einer weitgehend ausgeglichenen Wanderungsbewegung und bei rückläufigen Geburten-Überschüssen bloß noch ein leichtes Wachstum zu verzeichnen. Während man am Ende der sechziger Jahre für das Jahr 2000 mit einer Bevölkerungszahl von 7,5 Millionen Einwohnern rechnete, mußten seither alle Prognosen nach unten korrigiert werden. Die neueren Voraussagen rechnen mit einer konstanten Bevölkerung. Mit dem demographischen Nullwachstum dürften sich erhebliche Änderungen in der Erwerbs- und Altersstruktur der Bevölkerung einstellen, die ihrerseits zu räumlichen Problemen — geringere Mobilität — beitragen. Rund 80 % der Bevölkerung und der Arbeitsplätze sind im schweizerischen Mittelland konzentriert, vor allem in den

Politische Grenzen der Gliedstaaten (Kantone)

Anmerkung: Im NW-Zipfel befindet sich der neue Kanton. Die übrigen Grenzen zwischen den Kantonen sind seit mehr als 100 Jahren unverändert, größtenteils noch wesentlich älter. Gebietsreformen nach planerisch-rationalen Kriterien sind nicht zu erwarten.

Karte 1

Räumen Zürich–Basel und Lausanne–Geneve. Das schweizerische Mittelland zählt zu den am dichtesten besiedelten Gebieten Europas. Die sich hier stellenden Probleme unterscheiden sich kaum von denjenigen anderer Verdichtungsräume, allerdings gemildert durch das Fehlen einer Schwerindustrie und durch die relativ vorteilhafte Dezentralisation der Industriestandorte.

Von der Abwanderung betroffen sind seit Jahrzehnten erhebliche Teile des Berggebietes, insbesondere von der Berglandwirtschaft abhängige Orte und Talschaften. Intensive agrarwirtschaftliche Maßnahmen des Bundes verhinderten wohl den Niedergang der Berglandwirtschaft, doch vermochten sie das Abwanderungsproblem – vor allem auch die qualitative Seite – nicht zu lösen. Durch die gleichzeitig starke Entwicklung des Fremdenverkehrs entstanden innerhalb des Berggebietes touristische Ballungsgebiete, welche die innerregionalen Disparitäten der Bevölkerungs- und Wirtschaftsentwicklung erhöhen und das Landschaftsbild – und von daher sogar den Erholungswert – infolge einer teilweise ungehemmten Bautätigkeit gefährden.

Die schweizerische Wirtschaft zeichnet sich durch eine extreme Verflechtung mit dem Ausland aus. Der Außenhandel (Einfuhren) macht mehr als einen Viertel des Bruttosozialproduktes aus; dazu kommen erhebliche Dienstleistungen von und nach dem Ausland durch Banken, Versicherungen und ferner die Leistungen im Fremdenverkehr. In der Industrie sind ein Drittel der Beschäftigten Ausländer. Einzelne Branchen zählen sogar mehr ausländische als schweizerische Arbeitskräfte. Von den 2,7 Millionen Beschäftigten (1975) arbeiteten 6 % im primären Sektor, 45 % im sekundären und 49 % im tertiären. Noch zehn Jahre früher war mehr als die Hälfte im zweiten Sektor tätig. Der Trend zum Dienstleistungsbereich hält unvermindert an, nicht zuletzt wegen der hohen Kosten der Inlandproduktion, beeinflußt durch den hohen Lebensstandard, den Mangel an Arbeitskräften und die knappen Raumverhältnisse im teilweise übernutzten Mittelland. Die wirtschaftliche Rezession der siebziger Jahre hat zahlreiche Strukturprobleme sichtbar gemacht, unter anderem auch räumliche. Die jahrzehntelange Hochkonjunktur hatte sie verdeckt. So ist an die „Uhrenregion" in der Westschweiz zu erinnern, wo Branchenprobleme regionalwirtschaftliche Auswirkungen zeitigten. Soweit man in der Schweiz von Fabrikstädten sprechen kann, handelt es sich im internationalen Vergleich um mittlere und kleinere. Fabriklandschaften, Industrieballungen haben sich nicht entwickelt. Der Grund liegt in einer relativ ausgeprägten Dezentralisation der Industriestandorte, allerdings beschränkt auf das Mittelland. Die wichtigsten Ursachen sind: Föderalistischer Aufbau und Gliederung des Staates, fehlende Rohstoffe und damit keine Konzentration um Abbaugebiete, keine übermäßige Ausrichtung auf Konsumstandorte, da die Exportorientierung dominiert, und ferner die relative Ubiquität des Energieangebotes.

Die Siedlungsstruktur weist eine relativ gute Verteilung der Orte mit zentralörtlichen Einrichtungen auf. Eigentliche Großstädte fehlen. Die größte Stadt, Zürich, zählt als politische Gemeinde unter 400 000 Einwohner (dem internationalen Trend folgend mit sinkender Tendenz). Die Agglomeration, also der Ballungsraum Zürich, umfaßt eine Bevölkerung von über 700 000. In gewissen Regionen des ländlichen Raumes, vor allem im Berggebiet, kann ein gewisses Defizit an zentralörtlichen Funktionen ausgewiesen werden. Es geht in diesen Fällen weniger um die Neuformierung von zentralen Orten als vielmehr um die Aufwertung von Kleinzentren zu Mittelzentren. In Berggebieten muß dabei die Gefahr einer negativen Sogwirkung der Zentren auf Klein- und Randgemeinden ernst genommen werden. So positiv die Verteilung der Zentren ist, erklärbar aus der föderativen Struktur des Landes, so wenig kann auf der anderen Seite das dominierende „Siedlungsband" des Mittellandes übersehen werden, das die Mehrzahl der größeren und mittleren Zentren umfaßt und das ein kulturelles, wirtschaftliches sowie infrastrukturelles Leistungsangebot aufweist, dem die Zentren des Berggebietes nichts gleichwertiges gegenüberzustellen haben.

Das Verkehrsnetz wird durch ein dichtes Bahn- und Straßennetz bestimmt, das auch das Berggebiet erschließt. Es gibt nur einige wenige periphere Räume, von denen aus größere Zentren nicht innert nützlicher Zeit erreicht werden können (Unterengadin, Oberwallis). Die starke Zunahme des Autoverkehrs – die Schweiz verfügt über einen extrem hohen Motorisierungsgrad – schuf die Voraussetzungen für eine großzügige Straßenbaupolitik, die im Ergebnis den Privatverkehr gegenüber dem öffentlichen Verkehr begünstigt, zumal der gleichzeitige Ausbau des Schienenverkehrs unterblieb. Die schweizerische Eisenbahnen verkehren im wesentlichen auf einem Netz, das im letzten Jahrhundert geplant und realisiert wurde, während das Straßennetz durch die sogenannten Nationalstraßen (Hochleistungsstraßen) in den vergangenen zwei Jahrzehnten mit einem Großaufwand ergänzt und ausgebaut wurde. Der Luftverkehr ist international ausgerichtet. Es stehen drei Interkontinental-Flughäfen zur Verfügung: Kloten-Zürich, Geneve und Basel-Mulhouse. Das europäische Rohrleitungsnetz für den Transport von Erdgas und Rohöl berührt die Schweiz und führte zum Bau von einzelnen Raffinerie- und Aufbereitungsanlagen sowie zum Einsatz von Erdgas. Das Berggebiet verfügt in touristischen Zentren über ein Großangebot an Luftseilbahnen und Skiliften.

Im Bereich der Versorgung stellen sich hinsichtlich der Wasserversorgung kaum Probleme, höchstens solche der Güte, nicht aber der Quantität. Eine schwierige Aufgabe stellt hingegen – seit altersher – die Energieversorgung dar. Die wichtigste einheimische Energiequelle ist die Wasserkraft, die zu rund 50 % genutzt ist, doch kommt ein weiterer Ausbau der Konflikte mit dem Landschaftsschutz wegen kaum mehr in Frage. Der anhaltend steigende Energieverbrauch wird durch die Stromproduktion in thermischen Kraftwerken gedeckt, so in den Atomkraftwerken Beznau I und II, Mühleberg und Gösgen. Für die weiteren nuklearen Vorhaben stellen sich politische Probleme, teilweise auch Standortprobleme, die raumplanerisch noch kaum hinreichend behandelt sind. Die Entsorgung (Gewässerschutz, Kehrichtbeseitigung usw.) bereitet – abgesehen von den radioaktiven Abfällen – eher lokale und regionale Probleme, die jedoch im allgemeinen lösbar sind. Der Stand des qualitativen Gewässerschutzes darf als relativ fortschrittlich bezeichnet werden. Die Koppelungsprobleme zwischen Kehrichtverbrennung und Energieversorgung stehen noch an, wie auch diejenigen zwischen Überschuß-Wärme aus Nuklearanlagen und der Siedlungswärmeversorgung. Die geothermische Energie wird noch kaum genutzt.

IV. Raumordnungspolitische Zielsetzungen und Maßnahmen

a) Zielsetzungen

Die raumordnungspolitischen Zielsetzungen finden sich in erster Linie im Bundesgesetz über die Raumplanung, und zwar sowohl unter dem expliziten Titel „Ziele" als auch unter demjenigen der „Planungsgrundsätze" (Art. 1 und 3 Bundesgesetz über die Raumplanung). Nach den gesetzlichen Zielen haben Bund und Kantone sowie die Gemeinden dafür zu sorgen, daß der Boden haushälterisch genutzt wird, daß durch ihre raumwirksamen Tätigkeiten eine auf die erwünschte Entwicklung des Landes ausgerichtete Ordnung der Besiedlung verwirklicht wird und daß in allem die natürlichen Gegebenheiten sowie die Bedürfnisse von Bevölkerung und Wirtschaft beachtet werden. Im besonderen sind die natürlichen Lebensgrundlagen (Boden, Luft, Wasser, Wald und Landschaft) zu schützen, sind wohnliche Siedlungen und die räumlichen Voraussetzungen für die Wirtschaft zu schaffen und zu erhalten, ist eine ausreichende Versorgungsbasis des Landes zu sichern und die Gesamtverteidigung zu gewährleisten. Vor allem aber ist das soziale, wirtschaftliche und kulturelle Leben in den einzelnen Landesteilen zu fördern und auf eine angemessene Dezentralisation der Besiedlung und der Wirtschaft hinzuwirken. Die Planungsgrundsätze sind konkreter. Sie befassen sich mit der Landschaft, der Siedlung und den öffentlichen und im öffentlichen Interesse liegenden Bauten und Anlagen.

Nun ist aber wesentlich, daß Raumordnungsziele nicht nur durch das nominale Raumordnungsrecht des Bundes gesetzt werden, sondern auch durch dasjenige der Kantone. Die Unterschiede in der Sache sind jedoch klein, hingegen ändert der Konkretisierungsgrad, der in der kantonalen Gesetzgebung und in den kantonalen Plänen wesentlich näher an der Wirklichkeit ist. Wichtige verbindliche Zielabsprachen finden sich sodann im funktionalen Raumordnungsrecht. So ist beispielsweise für die schweizerische Raumordnungspolitik bestimmend, daß die schweizerische Bundesverfassung in ihren Wirtschaftsartikeln dem „Schutz wirtschaftlich bedrohter Landesteile", der „Erhaltung einer leistungsfähigen Landwirtschaft" usw. eine besondere Bedeutung beimißt. Auch auf Gesetzesstufe finden sich zahlreiche Ziel- und Zweckbestimmungen. Das Bundesgesetz über Investitionshilfe für Berggebiete – um ein Beispiel anzuführen – bezweckt ganz allgemein die „Verbesserung der Existenzbedingungen im Berggebiet". Die Zielnormen des funktionalen Raumordnungsrechts haben im Vergleich zu den Zielnormen und den Planungsgrundsätzen des nominalen Raumordnungsrechts einen fachspezifischen Charakter, auch wenn ihre räumliche Bedeutung nicht einengend betrachtet wird. Auffallend ist, daß es im schweizerischen Recht keine raumordnungspolitisch-relevante, gesetzliche Zielnormen über die Städte und die Agglomerationen gibt, welche die tiefere Problematik dieser Gebiete ansprechen. Unter den bundesrechtlichen Planungsgrundsätzen finden sich lediglich die allgemeinen Hinweise, wonach Wohn- und Arbeitsgebiete einander zweckmäßig zugeordnet sowie durch das öffentliche Verkehrsnetz hinreichend erschlossen sein sollen und wonach Siedlungen viele Grünflächen und Bäume enthalten müssen. Der Grund mag im Fehlen einer „Städtebauförderungs-Gesetzgebung" respektive eines Bundesbaugesetzes liegen; die eigentliche Ursache ist im Mangel des Bewußtseins der Stadtproblematik – politisch, wirtschaftlich und soziokulturell – zu sehen. Des weitern verfügen die Stadtgemeinden im Bundesstaat nicht über diejenige politische Stellung, die ihnen erlauben würde, ihre Probleme zur Geltung zu bringen. Sie werden – abgesehen von den Stadtkantonen – durch die Kantone vertreten, die in der Regel neben den städtischen auch ländliche Bedürfnisse ausgleichend zu befriedigen haben.

b) Maßnahmen

Die materiellen raumordnungspolitischen Maßnahmen sind im schweizerischen Rechtsstaat durch das Legalitätsprinzip auf die gesetzlich vorgesehenen beschränkt. Da das nominale Raumordnungsrecht sich schwergewichtmäßig auf die Einführung der erforderlichen Instrumente (Richtpläne, Nutzungspläne) konzentriert, gehen die konkreten Maßnahmen im wesentlichen aus dem funktionalen Raumordnungsrecht des Bundes und der Kantone hervor. Eine differenzierte Übersicht würde zeigen, daß das funktionale Raumordnungsrecht sehr breit angelegt und – unter raumordnungspolitischen Gesichtspunkten – über einen hohen Qualitätsstand verfügt. Dies heißt nicht, daß es nicht der laufenden Anpassung bedarf. Es befindet sich dann auch im ständigen Fluß. Ein erheblicher Nachholbedarf besteht – wie bereits angetönt – gegenüber den städtischen Gebieten. Des weiteren ist die rechtliche Erfassung der Strukturpolitik (Branchen- und/oder räumliche Strukturpolitik) noch nicht hinreichend geklärt und abgeschlossen. Einer Überprüfung bedürfen auch das sektoriell gespaltene Verkehrsrecht und das Energierecht, das vor allem hinsichtlich der Einordnung der energiepolitischen Maßnahmen in die räumlichen Anforderungen und in das Baurecht zahlreiche Lücken aufweist. Noch nicht bereinigt ist ferner das Verhältnis zwischen Umweltschutz- und Raumplanungsrecht sowie der daraus fließenden Maßnahmen. Entsprechend dem feingliedrigen und ausdifferenzierten Aufbau des Staates mit zahlreichen „parastaatlichen" Organisationen, die in der Regel über einen ausgeweiteten Handlungsspielraum verfügen, wird die Raumordnungspolitik durch deren Tätigkeit ergänzt. So spielen beispielsweise die Kantonalbanken (Länderbanken) für die Realisierung raumordnungspolitischer (regionalwirtschaftlicher) Zielsetzungen eine erhebliche Rolle. Dies gilt auch für die Elektrizitäts-Produktionsgesellschaften, Verkehrsorganisationen und die zahlreichen örtlichen und regionalen Korporationen (Genossenschaften etc.), welche als Private öffentliche Aufgaben erfüllen.

Die fachlich-sektoriell orientierte staatliche Bürokratie erschwert auf den drei Staatsebenen des Bundes, der Kantone und der Gemeinden eine integrierende schweizerische Raumordnungspolitik. Das bundesrechtliche Instrument der kantonalen Richtpläne, in das die eidgenössischen Fachplanungen einfließen müssen und von dem eine koordinative Wirkung auf die raumwirksamen Tätigkeiten ausgehen soll, versucht, eine ganzheitliche, schweizerische Raumordnungspolitik zu ermöglichen. Die Erfahrungen stehen noch aus. Insbesondere ist offen, ob es gelingt, über die im wesentlichen den Kantonen anvertraute Raumplanung eine kohärente, gesamtschweizerische Raumordnung anzustreben und die entsprechende nationale Raumordnungspolitik auszulösen. Des weiteren bleibt die Frage offen, wie sich die Raumordnungspolitik auf Bundes- und kantonaler Ebene im Verhältnis zu anderen Politikbereichen zu behaupten vermag. In mehreren Kantonen hat sich von daher das Postulat nach einer besseren Integration der Raumordnungspolitik in die „geplante Politik" (politische Planung) entwickelt. Dazu bestehen gute Ansätze auf kantonaler Ebene, wobei die Instrumente der politischen Planung in der Schweiz langsam und nicht überstürzt aufgebaut werden. Es geht vor allem um die Regierungsprogramme der Kantone und die Richtlinien zur Regierungstätigkeit auf Bundesebene. In diesen Instrumenten wird der Zusammenhang zwischen den verschiedenen Politikbereichen hergestellt, wobei die Raumplanung als Querschnittsplanung – vorausgesetzt, daß sie sich verständlich machen und ihre Probleme aktualisieren kann – eine bestimmende Rolle spielen könnte. Dies ist bis heute allerdings nur vereinzelt der Fall.

Die organisatorischen Voraussetzungen für eine breit angelegte und nachhaltig wirkende Raumordnungspolitik sind durch das Bundesgesetz über die Raumplanung vom 22. Juni 1979 nicht entscheidend verbessert worden. Für den Bund wurde ein Fachorgan eingesetzt, das gemäß der Organisations-Gesetzgebung des Bundes dem Eidgenössischen Justiz- und Polizeidepartement eingeordnet ist. Es handelt sich nicht um eine Stabsstelle der Regierung, sondern um ein Linienorgan. Für die kantonale Ebene schreibt das Bundesgesetz eine Fachstelle vor; den Kantonen wäre es unbenommen, eine Stabsstelle einzuführen, doch haben die Kantone davon keinen Gebrauch gemacht. Die Aufgabe der Raumordnung ist auch hier Linienorganen übertragen, die nur über begrenzte Möglichkeiten der Beeinflussung der Regierungs- und insbesondere einer allgemein gehaltenen Raumordnungspolitik verfügen.

c) Konzeptionen oder Einzelmaßnahmen?

Ende der sechziger und zu Beginn der siebziger Jahre dominierte in der Schweiz die planerische Methodik der Ziel- und Maßnahmenfindung über Konzeptionen und Leitbilder. Bekannt geworden sind vor allem die Landesplanerischen Leitbilder (Abb. 1), die durch das Institut für Orts-, Regional- und Landesplanung der ETH Zürich entworfen wurden. Aus ihm entwickelte der Delegierte für Raumplanung (heute Bundesamt für Raumplanung) zusammen mit der sogenannten Chefbeamtenkonferenz der Bundesverwaltung das raumplanerische Leitbild CK – 73 *) (Abb. 2). Ungefähr zur gleichen Zeit entstand das Entwicklungskonzept für das Berggebiet. Diesen Studien folgten die Schweizerische Gesamtverkehrskonzeption (Abb. 3) und schlußendlich die Schweizerische Gesamtenergiekonzeption (Abb. 4). Auch auf kantonaler Ebene wurden Leitbilder entwickelt. Mit dem Einbruch der wirtschaftlichen Rezession und der Zuwendung zu den tagesaktuellen Problemen trat die Bedeutung der Konzeptionen in den Hintergrund. Zahlreiche Planer und Politiker wandten sich von den konzeptionellen Planungen ab und verlangten einem Pendelausschlag folgend nach pragmatischen Schritten. Der Mangel der Konzeptionen und Leitbilder lag im fehlenden Finanz- und Zeitbezug, mit anderen Worten, im programmatischen Teil der Planung, der vernachlässigt worden war. Dadurch kam die Fehlvorstellung auf, die Konzeptionen und Leitbilder seien „uno actu" der Realisierung entgegenzuführen. Die Vorteile der Leitbilder und Konzeptionen lagen in der Gesamtschau und den damit verbundenen Lernprozessen in der Öffentlichkeit, im Parlament und in der Verwaltung. Ohne daß ein direkter Bezug verlangt wurde, basieren die Leitbilder und Konzeptionen der nationalen Ebene auf mindestens teilweise vergleichbaren Grundannahmen. Auch auf der kantonalen Ebene wurden die Aussagen der nationalen Konzeptionen – wenn auch kritisch – als Arbeitsgrundlagen für die stufengerechten Planungen berücksichtigt. Die Impulswirkung darf deshalb nicht unterschätzt werden, auch wenn die Konzeptionen und Leitbilder nicht unmittelbar übernommen wurden. Die rein pragmatische Raumordnungspolitik hat auf der andern Seite keine wesentlichen Erfolge aufzuzeigen. Sie konnte der Gefahr nicht ausweichen, von den tagesaktuellen Fragen beherrscht zu werden. Aus dieser – vereinfacht dargestellten – Gegenüberstellung wurde im Bundesgesetz über die Raumplanung das Intrument des Richtplans entwickelt, der konzeptionelle und programmatische Elemente enthält und verbinden soll. Leider hat das Bundesgesetz keine gesetzlichen Grundlagen für ein nationales – verbindliches oder unverbindliches – Raumordnungskonzept/-programm geschaffen. Es fehlt dem Bund auch die Möglichkeit, über einen Raumordnungsbericht dem Parlament und der Öffentlichkeit wenigstens die gesamtschweizerischen Zusammenhänge aufzuzeigen. Voraussichtlich wird dies aber im Rahmen der Richtlinien zur Regierungspolitik (politische Planung) begrenzt nachgeholt.

V. Künftige Aufgaben

Mit dem Erlaß eines Bundesgesetzes über die Raumplanung (Raumordnung) im Jahre 1979 hat die schweizerische Raumordnungspolitik einen wesentlichen Schritt nach vorn getan. Die demokratischen Formen der Rechtsetzung haben gleichzeitig zu einer erhöhten demokratischen Legitimierung dieser relativ jungen Staatsaufgabe beigetragen. Diese gilt es auch in die Zukunft hinein zu erhalten. Auf der andern Seite darf nicht übersehen werden, daß die traditionell enge Verknüpfung zwischen Raumordnungsrecht und Baurecht die Entfaltung einer breit verstandenen Raumordnungspolitik nach wie vor einengt, daß das Instrumentarium hohe Ansprüche stellt und – zu hohe – Erwartungen weckt, daß die Raumplanung dem Trend ausgesetzt ist, sich im technisch-bürokratischen Perfektionismus zu verlieren, sich selbst als Verwaltungsaufgabe zu verstehen und daß sie deshalb Gefahr läuft, sich aus dem Zusammenhang der Politik hinauszuentwickeln. Die schweizerische Raumordnungspolitik wird nachhaltig versuchen müssen, die Planungsmittel und Verfahren zu vereinfachen, um die Wirklichkeits- und Politiknähe zu gewährleisten. In der Sache selbst wird sie manche Akzente neu setzen müssen.

---

*) Es wurde in Auswertung der Materialien der landesplanerischen Leitbildern und aufgrund ergänzender Studien als ein sachlich mögliches und politisch vertretbares Leitbild entworfen. Leider wurde es unterlassen, es einer eingehenderen politischen Diskussion zu unterstellen. Hingegen erhielt es eine erhebliche Bedeutung für die Gesamtverkehrs- und die Gesamtenergiekonzeption.

Abb. 1 *Landesplanerische Leitbilder der Schweiz*

Das Spektrum der Leitbildvarianten

Schema-Skizzen der Siedlungsdispositive und Kurzbeschrieb der Gesamtkonzepte

TREND

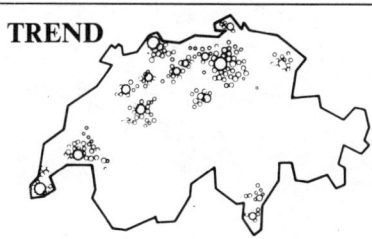

Ungelenkte Besiedlung – produktionsorientierte Landwirtschaft – traditionelle und neue Fremdenverkehrsgebiete

V 1

Besiedlung in zwei Ballungsräumen – Schwergewicht auf Landschaftspflege im Komplementärraum – traditionelle Fremdenverkehrsgebiete

V 2

Konzentrierte Trendbesiedlung – produktionsorientierte Landwirtschaft – neue Fremdenverkehrsgebiete

V 3

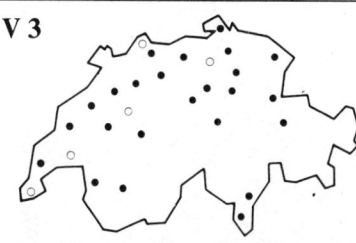

Viele Grossstädte – Schwergewicht auf Landschaftspflege im Komplementärraum – neue Fremdenverkehrsgebiete

V 4

Neue Grossstädte/Mittelstädte in Entwicklungsachsen – Schwergewicht auf Landschaftspflege im Komplementärraum – neue Fremdenverkehrsgebiete

V 5

Neue Grossstädte/Mittelstädte dispers – produktionsorientierte Landwirtschaft – traditionelle Fremdenverkehrsgebiete

V 6

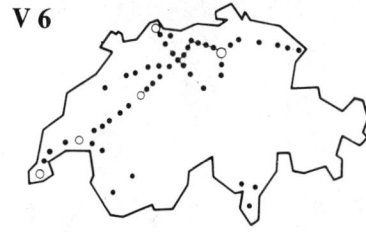

Mittelstädte in Entwicklungsachsen – Schwergewicht auf Landschaftspflege im Komplementärraum – neue Fremdenverkehrsgebiete

V 7

Mittelstädte dispers – produktionsorientierte Landwirtschaft – traditionelle und neue Fremdenverkehrsgebiete

V 8

Kleinstädte in Entwicklungsachsen – produktionsorientierte Landwirtschaft – traditionelle Fremdenverkehrsgebiete

V 9

Kleinstädte dispers – produktionsorientierte Landwirtschaft – traditionelle und neue Fremdenverkehrsgebiete

Anmerkung: Die Landesplanerischen Leitbilder wurden aufgrund von 13 vorwiegend technisch und drei politisch-wirtschaftlich-gesellschaftlich orientierten Teilleitbildern erarbeitet. Sie weisen zusammengefaßt die Landschafts-, die Siedlungs- und die Transport/Versorgungsstruktur auf, selbstverständlich eingebunden in die politisch-administrativen, wirtschaftlichen und gesellschaftlichen Zusammenhänge.

Abb. 2

Raumplanerisches Leitbild CK–73

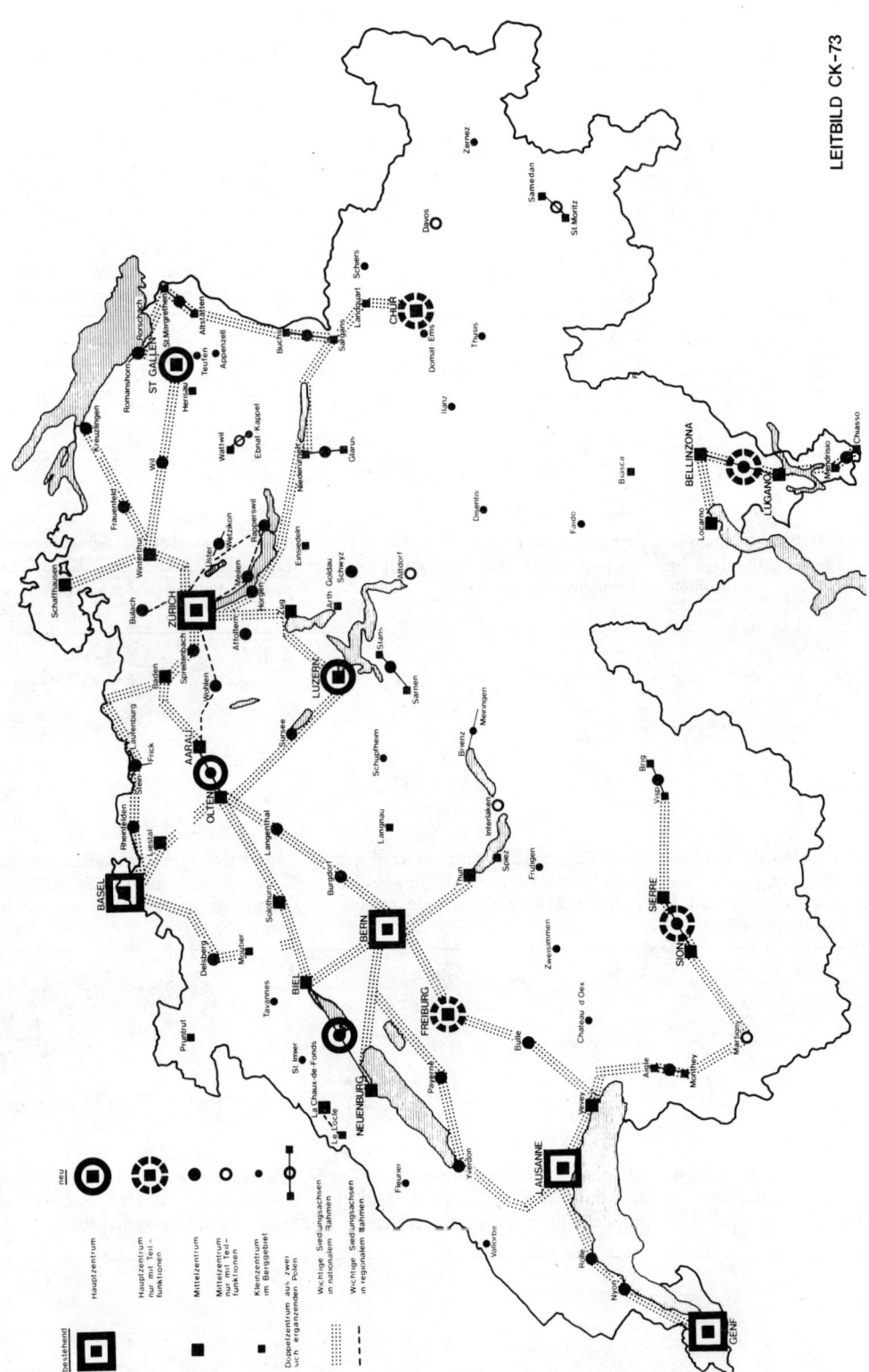

LEITBILD CK-73

Abb. 3　　　　　　　　　　　　　*Gesamtverkehrskonzeption*

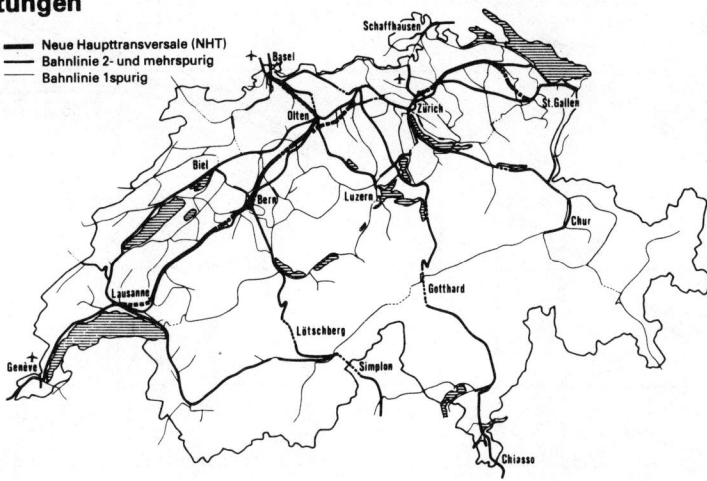

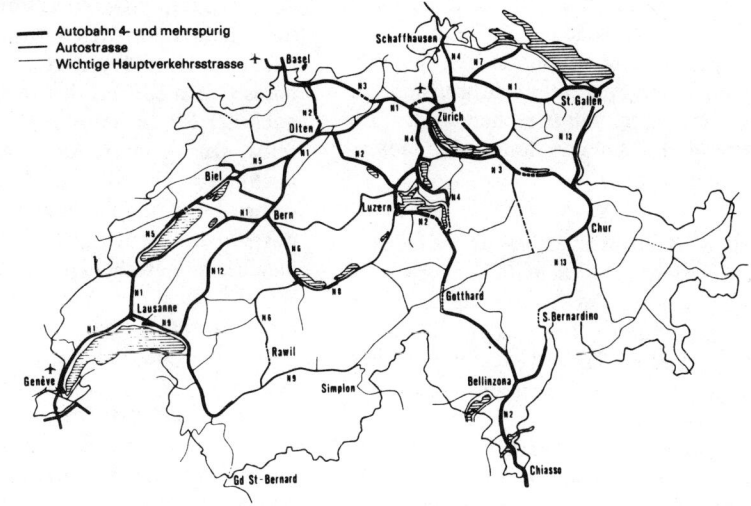

Quelle: Schlussbericht GVK-CH, Bern 1978

Anmerkung:

Die Gesamtverkehrskonzeption beschränkte sich auf zwei Schlußvarianten. In der eingehenderen politischen Diskussion trat die vorgestellte Variante 2 in den Vordergrund. Wie bei der Gesamtenergiekonzeption so ist auch hier von den erheblichen politischen Problemen der Realisierung zu berichten, doch fällt auf, daß in der öffentlichen Meinung und im Parlament unter dem Einfluß der Gesamtverkehrskonzeption ein Umdenken stattgefunden hat.

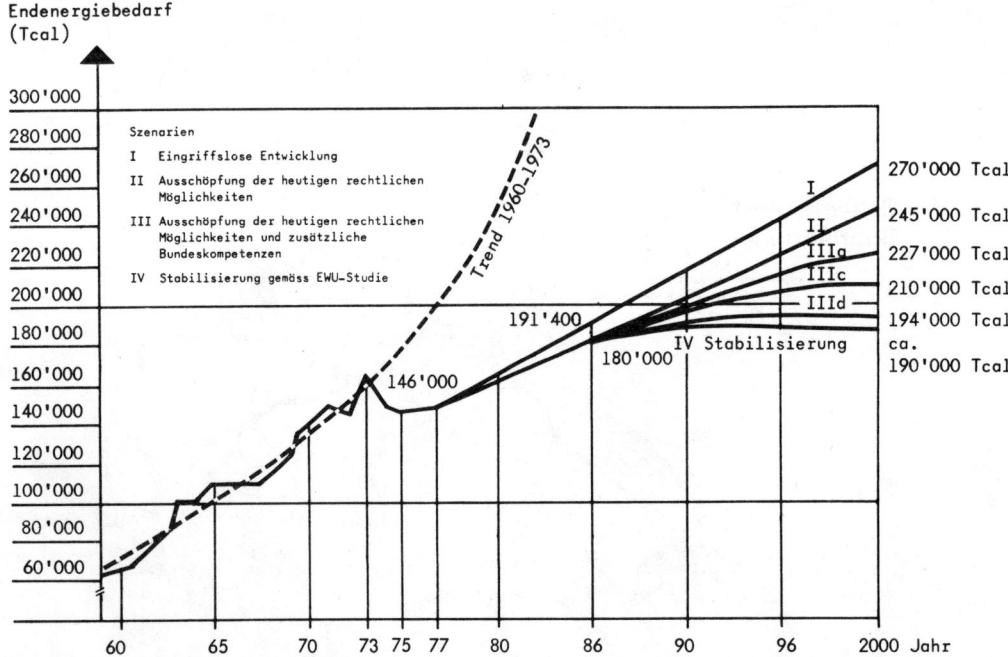

Abb. 4 *Gesamtenergiekonzeption*

Dieses Bild zeigt die Energieverbrauchsszenarien im Schlußbericht Gesamtenergiekonzeption. Die Methodik der Erarbeitung von Konzeptionen hat sich auch in diesem Fall bewährt. Problematisch bleibt die Umsetzung in die laufende Politik. Vor allem der Schritt zu den rechtlichen Maßnahmen und von diesen zurück zur materiellen Steuerung der erforderlichen Maßnahmen bereitet Schwierigkeiten.

Dabei geht es nicht darum, von den nationalen „Konzeptionen" wegzukommen und ausschließlich den „Mikrobereich" zu pflegen oder den Stellenwert der Raumordnung als Aufgabe zu überzeichnen. Es geht vielmehr darum, vorausschauend diejenigen raumordnungspolitischen Aussagen in den laufenden politischen Willensbildungs- und Entscheidungsprozess einzubringen, die dazu beitragen, daß im laufenden Geschehen der Erhaltung und Gestaltung des Lebensraumes die sachgerechte Beachtung geschenkt wird.

Unter den materiellen Hauptproblemen der schweizerischen Raumplanung steht als augenfällige Aufgabe nach wie vor die haushälterische Verwendung des knappen Gutes Boden im Vordergrund. Hinsichtlich der großräumigen Strukturen geht es in Zukunft weniger um eine Neuverteilung von Wohn- und Arbeitsplätzen als vielmehr um eine sinnvolle Ordnung der laufenden Veränderungen der räumlichen Beanspruchungen. Dies heißt nicht, daß das Wachstum der Agglomerationen nicht maßvoll zu bremsen und der Abwanderung aus den Berggebieten nicht entgegenzuwirken wäre, doch muß man sich, in der schweizerischen Raumplanung wie in andern Ländern auch, Rechenschaft geben, daß größere Umverteilungen innert nützlicher Frist nicht erzielbar sind. Die Raumplanung muß sich mit einer (maßvollen) Korrektur der tatsächlichen Entwicklungsvorgänge begnügen und diejenigen Maßnahmen vorziehen, die in der Relation zwischen Zielen und Entwicklungsprozessen eine zieladäquate Beeinflussung erwarten lassen, es sei denn, es würden ihr außerordentliche Steuerungsmittel zur Verfügung gestellt. Auf der anderen Seite ist auf der regionalen Ebene eine sinnvolle Steuerung der Zuordnung von Wohn- und Arbeitsplätzen im Gleichschritt mit einer sorgfältigen räumlichen Wirtschaftspolitik nach den spezifischen Anforderungen des fraglichen Gebietes und der Gesamtwirtschaft geboten. Ein Schwerpunkt ist in der Schaffung günstiger Voraussetzungen für die soziokulturelle Entwicklung in den Städten und vor allem in den größeren Agglomerationen zu sehen, wobei die wirtschaftlichen Aktivitäten in diesen Räumen nicht vernachlässigt werden dürfen. Daß die Landschaft als kostbares Gut nicht nur des passiven Schutzes bedarf, sondern auch der Pflege und der Gestaltung, das versteht sich von selbst. In all ihren Ausformungen hat die Raumplanung nachhaltig die ökologischen Faktoren zu beachten, da es bei der Raumplanung um die Erhaltung und Gestaltung des Lebensraumes als Lebensvoraussetzung geht. Dieser gleichsam natürlichen Seite ist der Mensch als freies Wesen gegenüber zu stellen, der die Verantwortung für die kulturellen Werte trägt. Diese beiden Gesichtspunkte bestimmen letztlich die Aufgaben der Raumplanung nach Art und Maß. So besehen unterscheiden sich die künftigen schweizerischen Aufgaben der Raumplanung nicht wesentlich und grundsätzlich von denjenigen der Nachbarländer, auch wenn die Akzente differieren. Müßten vier Hauptproblembereiche für die Schweiz besonders hervorgehoben werden, so sind es: Die Städte, die Berggebiete, die ökologischen Grundlagen und die politischen Bedingungen der Raumplanung.

Der Engpaß der schweizerischen Raumplanung liegt weder in der Methodik noch in der Problemsicht und auch nicht in den verfügbaren Maßnahmen, obwohl kein maximales und nicht einmal ein optimales Instrumentarium verfügbar ist. Das funktionale Raumordnungsrecht ist vielfältig und entwicklungsfähig, das nominale ist den Anforderungen als solchen nicht unangemessen. Das Nadelöhr besteht in der vorbereitenden Koordination und in der Fähigkeit, Entwicklungsvorgänge über längere Zeit zu steuern. Es stehen also raumordnungspolitische Probleme im Vordergrund, auf die noch näher einzugehen ist. Im besonderen sind die Schwierigkeiten in der Koordination der Sachplanungen unter sich und mit den Anforderungen der Raumplanung hervorzuheben.

Die anstehenden Probleme der Staatspolitik im weitesten Sinne berühren in hohem Maße auch die Raumordnungspolitik. Sie betreffen die folgenden Bereiche: Die Schweiz in der Staatenwelt, das Verhältnis Bürger – Staat (in Rechtsstaat und Demokratie), die Wirtschaft und Finanzen, die Wohlfahrt/Gesundheit und Umwelt, die Bildung und Kultur sowie die Staatsstruktur als solche. Vergegenwärtigt man sich die dahinter stehenden und auf uns zukommenden Probleme des in sich spannungsgeladenen modernen Ordnungs-Leistungs-Interventionsstaates, so wird deutlich, daß die Raumordnungspolitik auf weite Sicht hinaus bezüglich ihres Gegenstandes und ihrer Einordnung nicht idealiter gestaltet werden kann. Dies ist nicht nur ein Nachteil. Der Vorteil liegt im Teilhaben am politischen Prozeß. Ferner wird es schwer halten, den politischen Stellenwert der Raumordnungspolitik richtig zu definieren und in der politischen Wirklichkeit zur Geltung zu bringen. Dies hängt unter anderem damit zusammen, daß die Raumplanung – mindestens in der Schweiz – Mühe bekundet ihre Aufgabe für die Öffentlichkeit plausibel zu umschreiben und ständig neu zu aktualisieren. Noch immer herrscht hier – ungeachtet des neuen Bundesgesetzes – das Verständnis einer im wesentlichen auf die Bodennutzung ausgerichteten Aufgabe vor; ob es gestützt auf das neue Gesetz gelingt, die breite und große Aufgabe der Erhaltung und Gestaltung des Lebensraumes als Lebensvoraussetzung zum umfassenden Gegenstand der Raumordnung und der Raumordnungspolitik zu machen, hängt unter anderem von der Bedeutung ab, welche Regierung und Parlament der Raumordnungspolitik beigemessen. Das Bundesgesetz über die Raumplanung schafft an sich die Möglichkeit einer Integration der Raumordnung in den Kontext der Politik. Von der Größe der angesprochenen Anliegen her müßte sich die Raumordnungspolitik als zentrale Aufgabe Schritt für Schritt durchsetzen. Als längerfristige Strategie, die der von der Aktualität beherrschten Tagespolitik hindernd in die Quere kommt, tut sie zur Zeit schwer daran.

Die wohl folgenschwersten Probleme für die Raumplanung und die Raumordnungspolitik gehen von der sinkenden Effizienz staatlichen Handelns im teilweise die sinnvollen Grenzen nicht mehr beachtenden Leistungs- und Interventionsstaat aus. Die staatlichen Willensbildungs- und Entscheidungsprozesse vermögen der Anspruchsflut, die sich bereits in eine Anspruchsinflation auszuweiten droht, nicht mehr zu genügen. Des weiteren konkurrenzieren sich zunehmend staatliche Handlungen, die alle unter dem Titel der Wahrung öffentlicher Interessen geschehen, derart, daß die Raumordnungspolitik als Ordnungspolitik kaum mehr in der Lage ist, ihre Funktion der Wahrung der räumlichen Ordnung ausreichend zu versehen. Die schweizerische Raumordnungspolitik wird deshalb nicht darum herum kommen, sich mit der Frage des Maßes der Raumplanung und der Raumordnung und ganz allgemein des Leistungs- und Interventionsstaates in einem neuen Zusammenhang grundsätzlich zu befassen und von daher ihre Aufgabe neu zu verstehen.

Materialien

- Bericht der schweizerischen Landesplanungskommission an das Eidgenössische Militärdepartement: Schweizerische Regional- und Landesplanung, Zürich 1942
- Eidgenössische Expertenkommission für Fragen der Landesplanung: Bericht vom 6. Oktober 1966, hrsg. vom Eidgenössischen Departement des Innern, Bern 1967 (Kommission Gutersohn)
- Botschaft des Bundesrates über die Ergänzung der Bundesverfassung durch Art. 22ter und 22^{quater} vom 15. August 1967, Bundesblatt 1967, Bd. II, S. 133 ff.
- Arbeitsgruppe des Bundes für die Raumplanung: Raumplanung Schweiz, Hauptbericht Bern 1970 (Arbeitsgruppe Kim)
- *Flückiger, Hans:* Gesamtwirtschaftliches Entwicklungskonzept für das Berggebiet, Bern 1970
- ORL-Institut: Landesplanerische Leitbilder, Bd. I – III und Plankassette, Schriftenreihe zur Orts-, Regional- und Landesplanung Nr. 10 (ORL-Institut ETH Zürich), Zürich 1971
- Botschaft des Bundesrates zum Bundesgesetz über die Raumplanung vom 31. Mai 1972, Bundesblatt 1972, Bd. I, S. 1435 ff.
- Studienkommission für Preis-, Kosten- und Strukturfragen: Studien zur Regionalpolitik, Bern 1972
- Delegierter für Raumplanung: Raumplanerisches Leitbild CK–73, Bern 1973
- ORL-Institut: Raumordnungskonzept Schweiz gemäß den Randbedingungen der Chefbeamtenkonferenz, Studienunterlage zur Orts-, Regional- und Landesplanung Nr. 20 (ORL-Institut ETH Zürich), Zürich 1974
- Eidgenössische Kommission für die schweizerische Gesamtverkehrskonzeption: Schlußbericht GVK-CH 1977, Bern 1971
- Expertenkommission für die Totalrevision der Bundesverfassung: Verfassungsentwurf, Bern 1977
- Botschaft des Bundesrates zu einem Bundesgesetz über die Raumplanung vom 27. Februar 1978, Bundesblatt 1978, Bd. I, S. 1006 ff.
- Eidgenössische Kommission für die Gesamtenergiekonzeption: Das schweizerische Energiekonzept, Bd. I und II sowie Zusammenfassung, Bern 1978
- Bundesgesetz über die Raumplanung vom 22. Juni 1979: Systematische Sammlung des Bundesrechts (SR 700)
- Eidgenössisches Justiz- und Polizeidepartement: Der Richtplan nach dem Bundesgesetz über die Raumplanung vom 22. Juni 1979, Bern 1979

Literaturhinweise

Allemann, Hugo: Möglichkeiten und Ziele kantonaler Wirtschaftspolitik. In: Festgabe *F.J. Jeger,* Solothurn 1973, S. 441 ff.

Carol, Hans und *Werner, Max:* Städte wie wir sie wünschen, Zürich 1949

Elsasser, Hans: Regionalpolitische Probleme der Schweiz. In: Berichte zur Raumforschung und Raumplanung, Heft 2/3, Wien 1980, S. 13 ff.

Fischer, Georges: Praxisorientierte Theorie der Regionalforschung, Tübingen 1973

Fischer, Georges: Der Wohlstand der Kantone, Bern 1980

Frey, Rene L.: Die Infrastruktur als Mittel der Regionalpolitik, Bern 1979

Gaudard, Gaston: Les disparités économiques régionales en Suisse, Fribourg 1973

Haller, Walter: Raumplanung im demokratischen-föderalistischen Rechtsstaat. In: Menschenrechte, Föderalismus, Demokratie. Festschrift *W. Kägi,* Zürich 1979, S. 161 ff.

Hess, Walter: Regional- und raumordnungspolitische Ziele und Maßnahmen von Bund und Kantonen, Bern 1979

Hill, Wilhelm: Möglichkeiten künftiger Gestaltung der Planung beim Bund, Bern 1975

Imboden, Max: Der Plan als verwaltungsrechtliches Institut (1960). In: Staat und Recht, Basel 1971, S. 387 ff.

Kuttler, Alfred: Der Beitrag des Bundesgerichts an die Entwicklung des Raumplanungsrechts. In: Festschrift Bundesgericht, Basel 1975, S. 177 ff.

Leibundgut, Hans Jürg: Raumordnungspolitische Aspekte der Wirtschaftsförderung im schweizerischen Berggebiet. Schriftenreihe zur Orts-, Regional- und Landesplanung Nr. 27 (ORL-Institut ETH Zürich), Zürich 1977

Lendi, Martin: Planungsrecht und Eigentum, Basel 1976

Lendi, Martin (Hrsg.): Der ländliche Raum, eine Aufgabe der Raumplanung. Festschrift für *Theo Weidmann* und *Ernst Winkler,* Schriftenreihe zur Orts-, Regional- und Landesplanung Nr. 28 ()RL-Institut ETH Zürich), Zürich 1978

Lendi, Martin/Linder, Wolf (Hrsg.): Politische Planung in Theorie und Praxis, Bern 1979

Lendi, Martin: Grundfragen im Zusammenhang mit dem Bundesgesetz über die Raumplanung, Schweizerische Juristenzeitung 76/1980, Heft 4/5, S. 53 ff.

Lendi, Martin: Richtplanung und Richtpläne nach dem Bundesgesetz über die Raumplanung, DISP Nr. 58, Zürich 1980, S. 5 ff.

Linder, Wolf/Werder, Hans/Holtz, Beat: Planung in der schweizerischen Demokratie, Bern 1978

Moor, Pierre: Aménagement du territoire et propriété privé, Basel 1976

Nef, Robert: Bibliographie zum Bau-, Boden- und Planungsrecht der Schweiz. Schriftenreihe zur Orts-, Regional- und Landesplanung Nr. 22, Zürich 1976

Rossi, Angelo: Sviluppo urbano e politica urbana in Svizzera, Lugano 1979

Roth, Ueli/Lendi, Martin u.a.: Chronik der Schweizerischen Landesplanung. Beilage zu DISP Nr. 56, Zürich 1980

Wemegah, Monica, Administration Fédérale et Aménagement du Territoire, Saint-Saphorin 1979

Winkler, Ernst/Winkler, Gabriela/Lendi, Martin: Dokumente zur Geschichte der Schweizerischen Landesplanung. Schriftenreihe zur Orts-, Regional- und Landesplanung Nr. 1 (ORL-Institut ETH Zürich), Zürich 1979

Winkler, Ernst: Raumordnung und Landesplanung der Schweiz seit dem 1. Weltkrieg. In: *Winkler, Ernst:* Der Geograph und die Landschaft, Zürich 1977, S. 188 ff.

Wittmann, Walter: Eine zweigeteilte Schweiz, Eidgenössische Zukunft. Heft 14, Bern 1976

Zaugg, Aldo: Kommentar zum Baugesetz des Kantons Bern vom 7. Juni 1960, Bern 1971

Zimmerlin, Erich: Baugesetz des Kantons Aargau, Aargau 1977

Zeitschriften

DISP, Dokumente und Informationen zur Schweizerischen Orts-, Regional- und Landesplanung, Institut für Orts-, Regional- und Landesplanung (ORL-Institut ETH Zürich)

Plan, Zeitschrift für Umweltschutz, Planen und Bauen, Solothurn

Raumplanung (Informationshefte), Bundesamt für Raumplanung, Bern

Der Autor dankt seinen Mitarbeitern *Prof. Dr. H. Elsasser* und *Dr. H.J. Leibundgut* für zahlreiche Hinweise.

System der Raumordnung in Frankreich

von

Gabriel Wackermann, Mulhouse

INHALT

I. Entstehung der Raumplanung in Frankreich

　a) Wirtschaftspolitische Notwendigkeiten
　b) Institutionelle Vorbereitungsphase

II. Gründung und Entwicklung der Raumordnung

　a) Verflechtung von Planung, Regionalisierung und Raumordnung
　b) Aufbau und Ausbau der D.A.T.A.R.

III. Aufgabenfeld der französischen Raumordnung

　a) Problematik und Zielsetzungen
　b) Förderungsmaßnahmen und praktische Auswirkungen

　　1. Verbesserung des Arbeitsangebotes in den hilfsbedürftigen Prioritätsgegenden
　　2. Raumbewertung im Sinne der Lebensqualität
　　3. Angleichung der regionalen Chancen durch angepaßte Verkehrsnetze und soziale Kommunikation
　　4. Regionale Wirtschaftsförderung

IV. Zukunftsüberlegungen

Literaturhinweise

Veröffentlichungsreihen

I. Entstehung der Raumplanung in Frankreich

a) Wirtschaftspolitische Notwendigkeiten

Die Große Revolution von 1789 drängt durch die Machtübernahme der Jakobiner den französischen Provinzialismus auf staatlicher und allmählich tagtäglicher Ebene so zurück, daß nur noch einige winzige Minderheiten den Gedanken weiterverteidigen können. Der offizielle Zentralismus breitet sich rasch auf allen Gebieten aus und räumt einem eventuellen Regionalismus keinen Platz mehr ein: Politik, Wirtschaft, soziales und kulturelles Leben sind der nationalen Regierung und deren Hauptverwaltungsstellen, d.h. Paris untergeordnet. Sogar die neue Teilgebietseinheit, das „département", wird hauptsächlich aus polizeilichen Bewachungsgründen eingeführt: sie soll der Gendarmerie erlauben, zu Pferd von der Departementhauptstadt aus innerhalb eines Tages den entferntesten Ort zu erreichen, zwischen dem Sonnenauf- und -untergang. Daher haben die „départements" eine sehr geringe Fläche, so daß die französische Gesellschaft heute noch das Gemeindeleben an die erste Stelle ihrer Besorgnisse einstuft und mehr Wert auf Kommunalreform legt als auf Departement- oder Regionalreform.

Als nach der großen Internationalen Wirtschaftskrise von 1929, dem Volksfrontdrange von 1936 und ganz besonders dem Zweiten Weltkrieg der Staat immer mehr angesprochen wird als Mediator oder Gesetzgeber, trotz des Weiterbestehens des Liberalismus, stellt die öffentliche Hand langsam fest, daß das zentrale Machtgefüge immer weniger fähig ist, die französischen Probleme zu lösen: Paris ist nicht imstande, all die Verwaltungsarbeit, die die wirtschaftliche Einwirkung der Regierung vorsieht, zu bewältigen. Da es oft an privatem Unternehmensdynamismus fehlt und außerdem sehr wenige Großbetriebe ihren Sitz anderswo als in Paris haben, erscheinen rasch Belebungsmaßnahmen des Landes durch Dekonzentration und örtlichen oder überörtlichen Impuls als dringend notwendig, besonders nach 1945, wo Zollschutz immer mehr durch internationalen Druck abgeschwächt wird. Das Departement ist für die neuen Zwecke eine zu kleine Gebietseinheit; seine Beamten haben nicht die nötige Qualifizierung. So stellt man fest, daß zwischen Paris und dem übrigen nationalen Gebiet nicht genug Übertragungsmöglichkeiten bestehen; nach 1945 spricht man von „Paris und der französischen Wüste".

Bis nach dem Zweiten Weltkrieg leidet Frankreich besonders an mangelnder Verstädterung, besonders an dem Fehlen von Großstädten, die Paris gegenüber für die Nation funktionsdezentralisierend wirken könnten. Außerdem liegen die wichtigsten größeren Städte an der Peripherie, so daß Paris seine Rolle verstärkt. Diese Kontraste sowie Nord-Süd- und Ost-Westgefälle auf dem Gebiet der Bevölkerung und der Produktion werden gleich in den fünfziger Jahren bedeutend verstärkt durch die ersten Merkmale einer strukturellen Wirtschaftskrise, die Industrierückgang und Arbeitslosigkeit besonders in Bergwerks- und Textilbranchen auslösen. Zur gleichen Zeit beginnt die Landwirtschaft an Marktschwäche zu leiden: es müssen rasch hunderttausende von Arbeitsplätzen für die ländliche Bevölkerung geschaffen werden. Am Ende der fünfziger Jahre verschärft sich die Lage noch durch die schwindenden Vorteile, die es Jahrzehnte hindurch erlaubten, Kolonialgebiete als Ersatzmarkt für abgeschwächte Strukturen zu benutzen.

b) Institutionelle Vorbereitungsphase

Bereits während der Erneuerungsperiode der französischen Verwaltungsmentalität in der Widerstandsregierung des Generals de Gaulle in London werden Zukunftsrichtlinien festgelegt für das nationale Wirtschaftsleben. Die zu *F. D. Roosevelts* Zeiten eingeleitete „Tennessee Valley Authority" sowie die in den dreißiger Jahren in Großbritannien und Italien getroffenen Regionalmaßnahmen geben Anlaß zu Überlegungen, die nach der Befreiung zur Gründung des „Commissariat Général au Plan d'Equipement et de Modernisation" (Generalkommissariat der Planung für Ausrüstung und Modernisierung) führt unter der Leitung von *Jean Monnet.* Somit bleibt man der alten absolutistischen Ideologie treu, die durch den Jakobinismus in der nachrevolutionären Zeit übernommen wurde, deren Prinzipien gemäß die Staatshauptstadt die gesamte nationale Aktivität überwachen und so viel wie möglich leiten soll. Das Planungskommissariat ist tatsächlich eine zentrale Institution, die sektorelle Wirtschaftsentwicklung fördert im Rahmen nationaler Richtlinien ohne regionale Ebene. Die offiziellen Instanzen sehen weiterhin die nationale Gemeinschaft als ein Ganzes an, das sich durch globale jährliche Schlußresultate konkretisiert, jedoch noch nicht als eine statistische Einheit, wo Arbeitstätigkeiten verschiedentlich einwirken, Landschaften und Regionen nicht unbedingt vergleichbar sind.

Vor 1950 aber stellt man schon fest, daß es unmöglich ist, sich mit rein zentralistischen Vorstellungen zu begnügen, besonders in einer Zeit, wo sich die strukturelle Wirtschaftskrise durch stark geprägten lokalen und regionalen Charakter bemerkbar macht. Da nach und nach gewisse Notstandsgebiete sich in den peripheren Zonen entwickeln, wie in der Bretagne oder im Elsaß, wo Arbeitsnot durch Stillegung traditioneller Betriebe auftritt, denken spezielle Kreise an die Notwendigkeit einer gewissen Regionalisierung. Es sind dies hauptsächlich Persönlichkeiten aus der „Provinz", die tagtäglich den „Pariser Abstand" und die „lokale oder departementale Ohnmacht" verspüren. Allmählich scharen sich diese Leute in „Aktionskomitees" zusammen, auf departementaler oder geplanter regionaler Ebene, um Vorschläge für eine Verbesserung der wirtschaftlichen und sozialen Lage auszuarbeiten. Es treffen sich prominente Parlamentarier, Gewählte aus den Kantonen, die sogenannten Generalräte, Mitglieder des nationalen Wirtschafts- und Sozialrates („Conseil Economiques et Social"), Vertreter der Industrie, des Handels und der Gewerkschaften, auch Hochschullehrer, besonders Geographen, die ein neues Arbeitsfeld gründen, die „angewandte Geographie". Diese Gremien müssen zuerst vorsichtig in der Öffentlichkeit bekennen, daß sie weder politischen noch kulturellen Autonomismus treiben wollen und daß sie nur der Regierung Beihilfe leisten wollen, damit den Krisengebieten rascher geholfen werden kann. Sie reichen somit ihre Kandidatur ein, offiziell als regionale Beiräte anerkannt zu werden.

Nach und nach entstehen dann die Expansionskomitees („Comités d'expansion"), denen die Verwaltung beisteht, weil die betreffenden Departementalpräfekten auf die Regierung einwirken, um die Erlaubnis zu erhalten, somit rasch Leitpläne für die regionale Neuentwicklung auszuarbeiten und Paris vorzulegen. Da zu gleicher Zeit die beiden hauptbetroffenen Gegenden durch einen Landsmann in der Regierung vertreten sind, gelingt das Vorhaben. So wird 1955 der erste offizielle Schritt zur Regionalisierung getan: das Generalkommissariat für Planung beauftragt einige hohe Beamte der Zentralverwaltung, das nationale Gebiet in „Programmregionen" („régions de programms") aufzuteilen. Die Dekrete des Finanzministers *P. Pflimlin,* ein Elsässer, gründen noch im selben Jahr 21 regionale Aktionsbezirke *) („circonscription d'action régionale"), die zu einer gewissen Dezentralisierung Frankreichs führen und dem Planungskommissariat helfen sollen, sich besser den regionalen Bedürfnissen anzupassen. Es wird noch nicht von der Region als Eigenständigkeit gesprochen; man will nur auf wirtschaftliche Aktivitäten hindeuten. Die Einteilung in „circonscriptions d'action régionale" (C.A.R.) bleibt jedoch oft etwas künstlich: sie stützt sich nicht immer auf historische Begebenheiten, die ehemaligen Provinzen beispielsweise, sie verhilft aber dazu, neuen Geist für Frankreichs Zukunft zu bringen.

Diese Dekrete geben den Aktionsbezirken die Möglichkeit, offiziell dank ihres jeweiligen Expansionskomitees und ihres Hauptpräfekten (d.h. des Präfekten, der in der Hauptstadt des C.A.R. seinen Verwaltungssitz hat) Planungsprojekte mit Hilfe der öffentlichen Hand auszuarbeiten. Die Komitees bilden Arbeitsausschüsse für alle zu untersuchenden Branchen und laden die wichtigsten politischen, wirtschaftlichen und sozialen Partner dazu ein.

Die letzten drei Jahre der IV. Republik sind aber durch allgemeine Verfassungsprobleme, Finanzschwierigkeiten, überseeische Gebietsaufstände und außenpolitische Fragen so in Anspruch genommen, daß die Raumordnungsbestrebungen in den Hintergrund treten und erst wieder an erster Stelle erscheinen, als die V. Republik die Krise ihrer Vorgängerin überwunden hat, d.h. nach dem Algerienkrieg (1962).

II. Gründung und Entwicklung der Raumordnung

a) Verflechtung von Planung, Regionalisierung und Raumordnung

Obwohl bereits im Jahre 1960 die Raumordnung zum erstenmal institutionell genannt wird anläßlich der Gründung des interministriellen Komitees für Raumordnung (Comité Interministériel pour l'Aménagement du Territoire", C.I.A.T.), wird die entsprechende Verwaltung erst 1963 ins Leben gerufen: es handelt sich um die D.A.T. A.R. („Délégation à l'Aménagement du Territoire et à l'Action Régionale"), d.h. die Delegation für Raumordnung und regionale Aktion, die einem Gaullisten, *Oliver Guichard,* untersteht und direkt vom Premierminister abhängig ist.

Die D.A.T.A.R. erhält alle Befugnisse, um im Rahmen der zentralen Planung zu wirken, soll aber auf allen Gebieten Erneuerungen vorschlagen, damit der Zentralverwaltung die Mittel dazu gegeben werden, konsequenter zu planen, den verschiedenen Gegenden den Aufbau oder den Umbau zu erleichtern und damit die Oberhand auf das allgemeine System zu bewahren, d.h. ebenfalls, durch die zentrale Steuerung ihre Entwicklung auf die

---

*) 1970 wird die Insel Korsika zur Region befördert und ist damit von der Region Provence-Cote d'Azur abgetrennt. Von diesem Zeitpunkt ab besteht Frankreich aus 22 Regionen (siehe Karte 1).

Karte 1 *Die französischen Regionen*

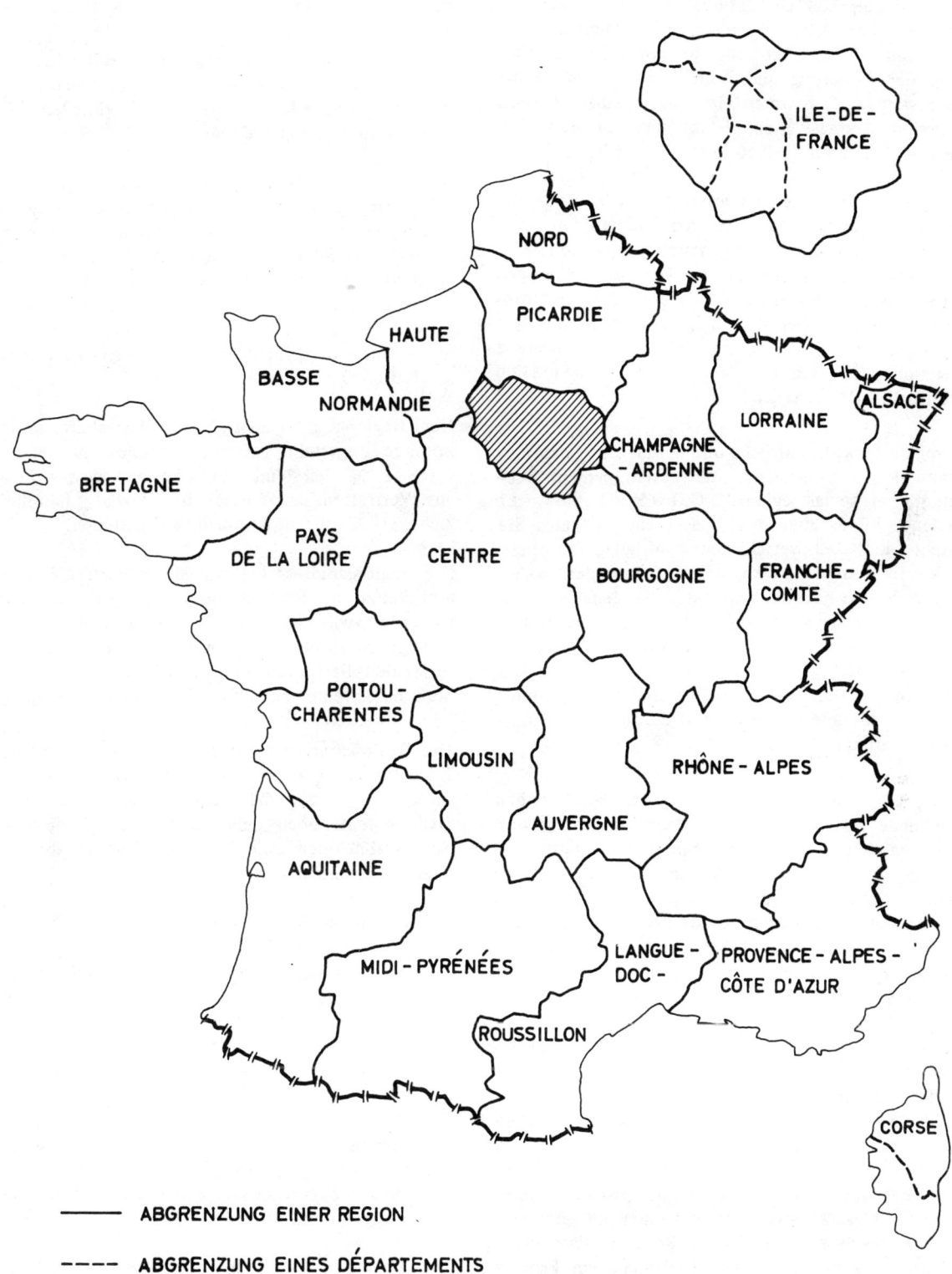

— ABGRENZUNG EINER REGION
---- ABGRENZUNG EINES DÉPARTEMENTS

QUELLE: DATAR-CAES 1979

wirtschaftliche Wiederbelebung des Landes politisch zu bewerten. Raumordnung wird zum politischen Instrument der Parteigruppen, die sich an der Macht befinden.

1964 wird diese Entwicklung vervollständigt: Regierungsdekrete schalten zwei weitere Institutionen ein:

— den Regionalpräfekten („prefet de région"), am Sitz des regionalen Aktionsbezirkes, die zukünftige „Region"; der Präfekt bleibt aber hauptsächlich der Vertreter der Regierung und kann jeden Moment abberufen werden. Ihm untersteht eine regionale Mission („mission régionale"), ein kleiner Verwaltungsapparat, den gewöhnlich ein in Paris ausgebildeter hoher Beamter betreut, der in Verbindung mit den verschiedenen Departements und deren Präfekten oder Verwaltungsleitern, mit den Universitäten, den überdepartementalen öffentlichen Einrichtungen und gemischten Wirtschaftsgesellschaften, die für die Gegend zuständigen Regierungsmaßnahmen auf dem Gebiet der Raumordnung ausarbeitet. Der Regionalpräfekt ruft außerdem mehrmals jährlich die regionale Verwaltungskonferenz zusammen, die sich aus den Leitern der regionalen öffentlichen Dienststellen zusammensetzt;

— die regionale wirtschaftliche und soziale Entwicklungskommission („Commission de développement économique et social régional", C.O.D.E.R.). Sie wirkt beratend, bildet aber den Ansatz eines Organs. Sie besteht aus drei verschiedenen Mitgliedergruppen: ein Viertel wenigstens wird durch Gewählte der lokalen Körperschaften gebildet und durch die departementalen Generalratsversammlungen bestimmt; die Hälfte besteht aus Vertretern der Industrie- und Handelskammern, der Handwerks- und Landwirtschaftskammern, der Berufs-, Arbeitgeber- und Arbeitnehmerverbände; das letzte Viertel wird durch den Premierminister ernannt.

Regionalpräfekt und C.O.D.E.R. stellen hauptsächlich das regionale Entwicklungs- und Ausrüstungsprogramm auf. Es handelt sich darum, eine regional-räumliche Aufteilung der nationalen Planungsorientierungen auszuarbeiten: Die Region kann somit über die für sie durch die Regierung vorgesehenen Geldmittel durch Anfertigung einer Prioritätsliste selbst verfügen, hängt aber hinsichtlich der Geldmittel selbst vom Staate ab. Es geht hier klar hervor, daß nationale Planung und Staatshoheit sich zugleich Raumordnung und Regionalisierung stark unterstellen und der Region nur sehr langsam weitere Befugnisse erteilen. Die Bevölkerung zeigt auch an den regionalen Fortschritten nur mäßiges Interesse, da sie an das zentralistische Regime gewöhnt ist und sich andere Gegebenheiten nur schwierig vorstellen kann. Obwohl die Volksbefragung vom 27. April 1969 für oder gegen General de Gaulle stark politisiert wird, weist die Wählerschaft den Gesetzesvorschlag, Regionen zu gründen, zurück. Der Nachfolger de Gaulles, Präsident *Pompidou*, läßt dann im Jahre 1972 dem Parlament ein Projekt vorlegen, das für jeden regionalen Aktionsbezirk eine gemeinnützige regionale Einrichtung („établissement public régional", E.P.R.) vorsieht. Diese neue Etappe zur politischen Dezentralisierung wird gebilligt und bildet heute das Rückgrat der Regionalisierung und der dezentralisierten Raumordnung.

Obgleich die 1972 eingesetzte Institution keine regionale Körperschaft bildet, sondern nur eine Einrichtung, ist die Region von nun ab personalisiert. Auch erhält sie spezielle Aufträge und die dazu nötigen Geldmittel, jedoch in noch sehr geringem Maße.

Die Region wird vom 1.11.1973 durch einen Regionalen Rat („Conseil régional") verwaltet, der aus politisch Gewählten besteht:

— die eine Hälfte besteht aus den regionalen Abgeordneten zur Nationalkammer und den Senatoren, damit sich eine neue Koordinierung der regionalen und nationalen Bestrebungen entwickelt;

— die andere Hälfte ist aus Vertretern der lokalen Körperschaften gebildet. Jedes Departement ist durch eine der Bevölkerungszahl proportional angemessene Anzahl von Sitzen vertreten. Innerhalb jedes Departements wird ein Teil der Sitze den Gemeinden von mehr als 30 000 Einwohnern zugeordnet. Die übrigen Sitze werden durch die Generalratsversammlung unter den Bürgermeistern der Gemeinden von weniger als 30 000 Einwohnern aufgeteilt.

Dem Regionalrat ist als Beirat ein Wirtschafts- und Sozialkomitee zugestellt („Comité Economique et Social", C.E.S.), das beratend mitwirkt und dessen Mitglieder aus Vertretern des Wirtschafts-, Sozial-, Familien-, Erziehungs-, Kultur- und Sportlebens bestehen.

Der Regionalpräfekt bleibt zugleich Vertreter des Staates und Leiter der Region. Der Regionalrat muß jedoch in bezug auf wirtschaftliche und soziale Entwicklung sein Gutachten abgeben. Er bestimmt auch öffentlich die regionalen Bestrebungen und Wünsche. Die Vewaltung muß diese Stellungnahme zur Diskussion bringen.

Der Regionalrat darf nur zugunsten anderer öffentlicher Körperschaften oder Ausgaben dieser Körperschaften investieren, damit die Region weder Gemeinden und Departements noch dem Staat etwas von ihrer Souveränität abnehmen kann. Das Gesetz erlaubt ihm folgende begrenzten Einnahmen:

— die Führerscheinsteuer

— eine Zusatzsteuer anläßlich der Erhebung von 2 Staatssteuern: die Motorfahrzeugsteuer und die Steuer für Grundstückspublizität

— eine Zusatzsteuer zur stabilen Lokalsteuer.

Die Gesamtsteuererhebung der Region darf aber 35 FF/Einwohner nicht überschreiten, so daß das nationale Gesamtprodukt der Regionalsteuer nur 0,5 % des französischen Steuerproduktes erreichen kann und nur 5 % der heutigen Lokalsteuern.

Deshalb sind die Regionen weiterhin gezwungen, hauptsächlich von Staatsgeldern zu leben. Obwohl die Regionalräte beratende Stimme bei der Vorbereitung des Fünfjahresplanes, der Raumplanung und des Staatshaushaltes für regionalisierte Kredite haben, bleibt ihre Investitionskraft gering. Staat, Departement und Gemeinden bleiben die wichtigsten finanziellen Triebfedern der Raumordnung.

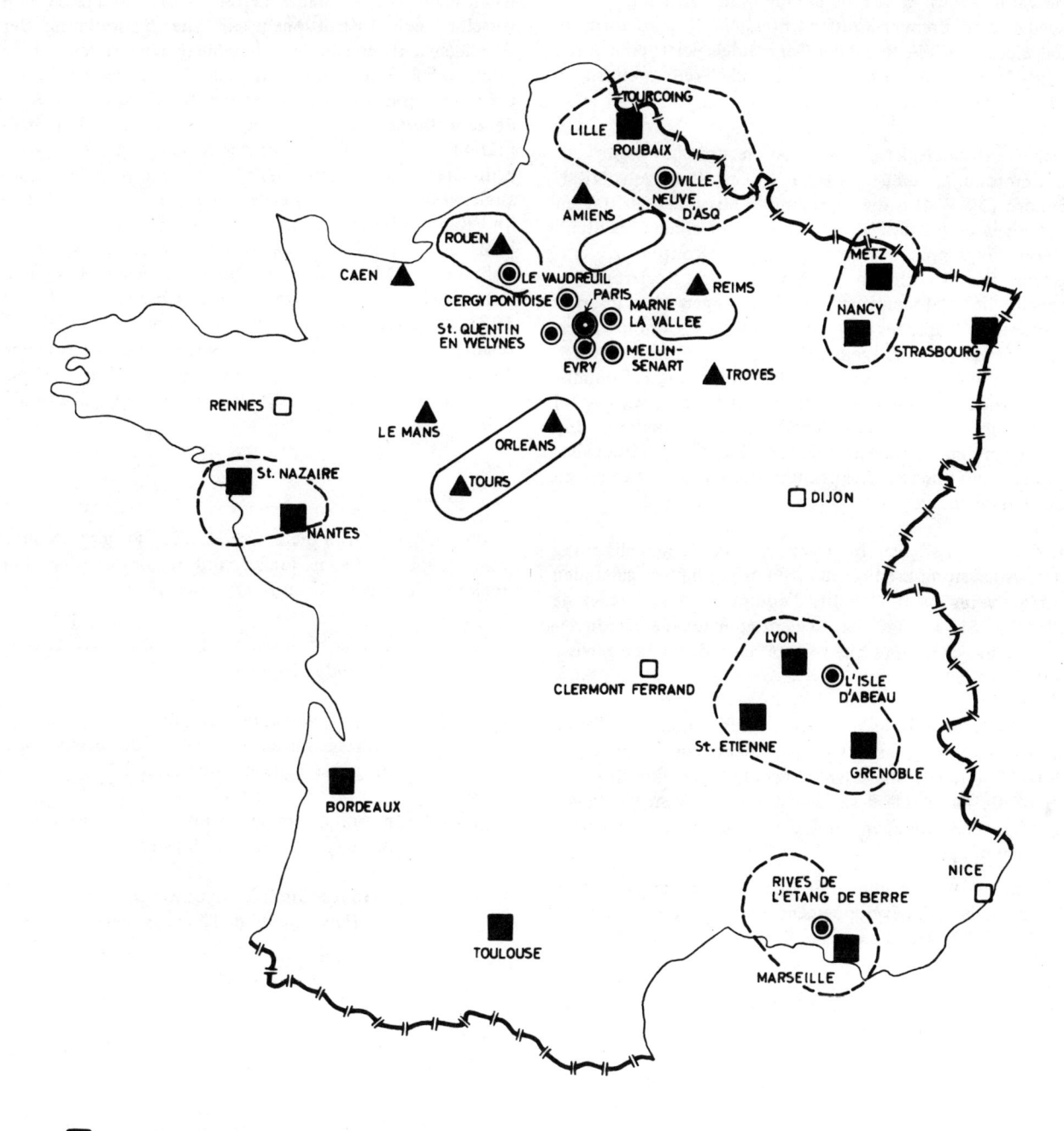

Karte 2   *Oberste Stufe der Stadtgliederung in Frankreich*

- ■ GLEICHGEWICHTSMETROPOLEN
- □ STÄDTE, DIE DEN GLEICHGEWICHTS-METROPOLEN GLEICHGESTELLT SIND
- ▲ STÜTZENDE STÄDTE DES PARISER BECKENS
- ◉ NEUE STÄDTE
- ---- OREAM
- —— OREAV

b) **Aufbau und Ausbau der D.A.T.A.R.**

Die am 14. Februar 1963 eingesetzte Delegation für Raumordnung und regionale Aktion ist zuerst ein wichtiges Instrument des Premierministers, dann die Zentralverwaltung des Ministeriums für Raumordnung, z. Zt. wieder dem Premierminister unterstellt. Die Haupttriebfeder der D.A.T.A.R. ist der Generaldelegierte, eine durch den Ministerrat ernannte Persönlichkeit politischen Charakters.

Der Generaldelegierte leitet das technische Organ der Raumordnung, umgeben von einem Stab von Mitarbeitern (30 – 40), die sogenannten Missionsbeauftragten („chargés de mission"), die sich nur auf einen „leichten" Verwaltungsapparat stützen, um der Routine zu entgehen. Die Richtlinien werden von der Regierung gegeben, im Rahmen der Arbeitstagungen der interministeriellen Komitees für Raumordnung („Comités interministériels d'aménagement du territoire, C.I.A.T."). Die nationale Kommission für Raumordnung („Commission nationale d'aménagement du territoire" – C.N.A.T.) koordiniert die Schlußfolgerungen der Komitees und wirkt beratend für die D.A.T.A.R.. Sie hat 27 Mitglieder, besteht aus hohen Regierungsbeamten und Vertretern der Regionen.

Die D.A.T.A.R. ist finanziell an die Regionalisierung der Ausrüstungskredite des Staatshaushaltes gebunden („régionalisation des credits d'équipement du budget de l'Etat"). Sie schlägt der Regierung regionale Kreditverteilungsprojekte vor. Sie verfügt außerdem über gewisse Kreditquellen:

– der Interventionsfonds für Raumordnung („Fonds d'intervention pour l'aménagement du territoire", F.I.A.T.), der es ihr erlaubt, wichtige Projekte anzukurbeln, die nicht schon speziell durch die Ministerien vorgesehen sind, die aber durch die letzteren weiterfinanziert werden müssen;

– der wirtschaftliche und soziale Entwicklungsfonds („Fonds de développement économique et social", F.D.E.S.), zu denen sie Kreditorientierungshinweise gibt,

– den Hilfsfonds zur Dezentralisierung („Fonds d'aide à la décentralisation"),

– Spezialfonds (z. B. für ländliche Erneuerung) und Haushalte für interministerielle Missionen.

Diese zentrale Rahmenorganisation, die von Paris aus für das gesamte nationale Gebiet zuständig ist, hat ebenfalls volle Befugnisse für die Überseedepartements („départements d'Outre-Mer"): die Réunion von Madagaskar, Martinique, Guadeloupe im Antillenmeer und Guayana im nordöstlichen Südamerika.

Von dieser Dachverwaltung aus sind die Regionen stets angesprochen mittels der Regionalmissionen, die dem Regionalpräfekten beistehen und Exekutive für die zentralen Raumordnungsbeschlüsse in der Region sind. Da die meisten regionalen Expansionskomitees weiterwirken als Beirat der regionalen öffentlichen Institutionen, sind auch sie regelmäßige Partner der D.A.T.A.R. für regionale oder nationale Besprechungen.

Um Frankreich mit Gleichgewichtsmetropolen („métropoles d'équilibre") zu versehen (Karte 2), die der Provinz gegenüber Paris mehr Entwicklungsmöglichkeit und Selbständigkeit einbringen sollen, beschließt 1966 das interministerielle Komitee für Raumordnung – den Richtlinien des V. Planes getreu – die Einsetzung von verschiedenen Institutionen, die die Entwicklung der Gleichgewichtsmetropolen beschleunigen sollen. Jede Stadt oder Stadtgruppe, die zur Gleichgewichtsmetropole bestimmt ist, erhält von der D.A.T.A.R. eine Sonderverwaltung, die auf regionaler Ebene dem Regionalpräfekten und dessen Leiter der Ausrüstungsdienststellen („directeur de l'Equipement") untergeordnet ist, aber zugleich der Region Pariser Impulse mitteilt: die Studien- und Raumordnungsorganisation für Metropolgebiete („Organisation d'études et d'aménagement des aires métropolitaines", O.R.E.A.M.). Es bestehen heute 10 solcher Dienststellen (siehe Karte 3), die zwischen 1967 und 1973 gegründet wurden und manchmal eine spezielle regionale Bezeichnung und eine dementsprechende Abkürzung angenommen haben (z.B. im Elsaß: „Organisation d'étude, de développement et d'action", O.E.D.A.).

Außer diesem Grundnetz der D.A.T.A.R. gibt es noch etliche spezifische nationale und regionale oder überregionale Institutionen; auf nationaler Ebene:

– 1964: Zentrale Gruppe für Stadtplanung („Groupe central de planification urbaine")

– 1965: Wasserbeckenkomitees und Wasserbeckenfinanzagenturen („Comités de bassin" und „agences financieres de bassin")

– 1966: Interministerielle Gruppe für Grundstücksfragen („Groupe interministériel foncier")

– 1970: – Hohes Komitee für Umweltfragen („Haut-comité de l'environnement")

– Zentralgruppe für neue Städte („Groupe central des villes nouvelles")

– 1973: – Interministerielle Gruppe für mittlere Städte („Groupe interministériel des villes moyennes")

– 1974/1978: Gründung von Institutionen für die Entwicklung der Gebirgsgegenden, die Schonung der Küstengegenden und der Meere

– 1978: Gründung des „Fonds Special d'Adaption Industrielle" (F.S.A.I.), d.h. des Spezialfonds für Industrielle Anpassung (an den Weltmarkt)

– 1979: Gründung des interministeriellen Komitees, des F.I.D.A.R. („Fods interministériel de developpement et d'aménagement rural", d.h. interministerieller Fonds für Entwicklung und ländliche Raumordnung auf subregionaler, regionaler und interregionaler Ebene:

Karte 3   *Lokalisierung der O.R.E.A.M.*

(Studium- und Raumordnungsorganisation für Metropolgebiete)

- ▨ RAUMPLANUNGSREGION
- ● GLEICHGEWICHTSMETROPOLE
- ○ STADT DES PARISER VERSTÄDTERUNGSRINGES
- NORD STUDIEN – UND RAUMORGANISATION FÜR METROPOLGEBIETE

QUELLE: CAES 1977

- 1963: Raumordnung im Languedoc-Rousillon („Aménagement du Languedoc-Roussillon")
- 1966:
  - Wirtschaftliche Anlegung des Golfs von Fos ^{S}/Mer
  - Regionale Wirtschaftsobservatorien („Observateures économiques régionaux")
  - Regionale Naturparke („parcs naturels régionaux")
- 1967: Interministerielle Mission für Raumordnung an der Aquitaineküste („Mission interministérielle d'aménagement de la cote aquitaine")
- 1970: Gründung eines Kommissariates für Industrialisierung des atlantischen Westens („Commissariat à l'industrialisation" pour l'Ouest atlantique)
- 1974: Internationaler Park für wissenschaftliche, industrielle und tertiäre Tätigkeiten von Valbonne (bei Nizza) – „Parc international d'activités scientifiques, industrielles et tertiaires de Valbonne" (Nice).
- 1978:
  - Zur Bekämpfung der Krisenlage in der Textilindustrie durch die Stillegung eines erheblichen Teils der Boussactätigkeiten, Einführung des „Plan Voges" (Vogesenkrisenplan)
  - Zur Ankurbelung der Weltmarktwettbewerbsfähigkeit der drei Regionen des Südwesten, Einführung des „Plan décemal de développement du Grand Sud-Ouest" (Zehnjahresplan zur Entwicklung des Großen Südwestens)

Tabelle 1

Aufbau und Haushalt der Organisations d'études d'Aménagement des aires Métropolitaines (OREAM)

Regionaler Sitz	Benennung	Gründungsdatum	Jährlicher Haushalt in Millionen Francs		
			1975	1976	1977
Alsace	– Organisation d'études de dévement de la région Alsace (OEDA)	6.05.72	2.930	2.840	2.840
Aquitaine	– Bordeaux - Aquitaine	21.05.70	1.300	1.760	1.531
Centre	– Organisation d'études d'aménagement de la région Centre (OREAC)	10.09.68	2.100	2.055	1.930
Lorraine	– Organisation d'étude d'aménagement de l'aire métropolitaine Nancy-Metz-Thionville	28.05.66	2.930	2.950	3.250
Nord	– Organisation d'étude d'aménagement de l'aire métropolitaine du Nord	12.05.66	4.950	4.900	4.330
Haute-Normandie	– Mission d'études d'aménagement de la Basse Vallée de la Seine	17.12.65	3.115	3.150	3.066
Pays Loire	– Organisation d'étude d'aménagement de l'aire métropolitaine de Nantes - Saint-Nazaire	20.05.66	1.730	3.319	2.516
Picardie	– Organisation d'études pour l'aménagement de la Picardie (OREAK)	20.06.67	1.200	1.380	1.445
Provence-Alpes-Côte-d'Azur	– Organisation d'étude d'aménagement de l'aire métropolitaine Marseillaise	15.02.66	3.200	3.400	3.160
Rhône-Alpes	– Organisation d'étude d'aménagement de l'aire métropolitaine de Lyon - Saint-Etienne	21.07.66	2.700	2.850	2.840
Total	10 OREAM		26.155	27.604	26.908

III. Aufgabenfeld der französischen Raumordnung

a) Problematik und Zielsetzungen

Als Premierminister *Georges Pompidou* im Jahre 1963 *Olivier Guichard* die neugegründete D.A.T.A.R. anvertraut, erklärt er die Gründe dieser Reform: die Hyperkonzentration von Paris auf industriellem und allgemeinem Gebiet ist im Begriff, Frankreich kolossal abzuschwächen; es soll daher der Provinz die Möglichkeit geboten werden, Entwicklungsmöglichkeiten zu finden, die außerhalb des Pariser Monopols bestehen und der Hauptstadt es erleichtern, ihre nationalen Funktionen besser zu bewältigen.

Somit ist die Raumordnung gleich zu Beginn ein Instrument zur Urbanisierung Frankreichs: ein überwiegend ländlicher Raum soll durch Verstädterung und wirtschaftliche Belebung der regionalen Oberzentren, besonders von zehn Gleichgewichtsmetropolen, zu einem konkurrenzfähigen starken Gefüge geprägt werden. Zur gleichen Zeit sollen Industrialisierung und dezentralisierte Pariser Betriebe den arbeitsplatzschwachen Gegenden dazu verhelfen, ihre Struktur- und Konjunkturkrise zu bewältigen. Diese Politik ist auch dazu bestimmt, durch neue Infrastrukturausrüstung, hauptsächlich Verkehrsnetzverdichtung und -modernisierung, gewisse Regionen besser an den nationalen und internationalen Markt anzuschließen.

Gleich einige Jahre später wird eine zusätzliche Aufgabe bestimmt: man geht von der Tatsache aus, daß außer dem Übergewicht von Paris ebenfalls regionale Übergewichte neben strukturschwachen Gegenden bestehen: daher sollen durch Spezialkredite und -zuschüsse sowie durch finanzielle Staatsprämien die westlichen Gegenden südlich einer Linie Le Havre—Marseille und ganz besonders die Bretagne prioritär gefördert werden. Außerdem werden die industriellen Krisengebiete tatkräftiger unterstützt; es handelt sich vorläufig in erster Stelle um den Norden, den Nordosten und den Süden. Diese Richtlinien führen zur Definition einer Politik, die auch mittlere Städte (Karte 4) speziell unterstützt, um noch mehr regionalbindend auf die Ausrüstung einzuwirken. Damit wird nicht nur Rücksicht genommen auf rein technische Gegebenheiten und Notwendigkeiten, sondern auch auf parteipolitische Interessen: der Raum ist nicht nur eine Ordnungssache, sondern ebenfalls das Spielfeld politischen Wettbewerbs; während der sechziger Jahre wird unter dem Druck der Opposition, der Gewerkschaften und sonstiger Berufsverbände so rasch wie möglich neue Produktion erzeugt und dadurch Großstadttheorie gepflegt, die jedoch oft in den neuen oder vergrößerten Städten für die Mehrheitsparteien wahlungünstig ausfällt; um diese Tendenz abzuschwächen, neigt die Regierung in den siebziger Jahren dazu, kleinere Gebietseinheiten zu unterstützen, die bessere Wahltreue bieten.

Da die Industriegesellschaft immer mehr Dienstleistungsbranchen entwickelt, müssen nun auch die Tertiärzweige der Pariser Gegend dezentralisiert oder gleich in der Provinz angesiedelt werden: Als Standorte erscheinen dazu die Gleichgewichtsmetropolen und die mittleren Städte ganz besonders geeignet.

In einer dritten und aktuellen Phase bemüht sich die D.A.T.A.R. auch noch, die anderen räumlichen Gefälle zu beseitigen. Durch den Einfluß der Umweltschutzideologie und den Druck der „grünen" Verbände werden nun Maßnahmen getroffen, die den nichtverstädterten Raum unter Landschaftsschutz stellen. Dadurch steht der ländliche Raum sowie das Gebirge (Karte 5) und die Küste (Karte 6) im Vordergrund der Untersuchungen und Planungsarbeiten. Weil die Dialektik zwischen Wirtschaftsdynamik, Umweltschutz und Lebensqualität oft auf ernste Schwierigkeiten stößt, ist für den Monat Dezember 1978 eine nationale Raumordnungskonferenz durch den Präsidenten der Republik selbst vorgesehen, um den verschiedenen Partnern zu erlauben, in einer allgemeinen Diskussion neue Wege zu bahnen im Hinblick auf die heutige Wandlung der Fakten und Meinungen. Zur Vorbereitung wird ein Fragebogen an 50 000 Gewählte, Vertreter des sozialen und wirtschaftlichen Lebens, Gewerkschaften und Berufsverbände versandt, um bereits Näheres über Vorstellungen und Wünsche der Franzosen zu erfahren. Nachdem längere Zeit hindurch alles Ländliche in den Hintergrund getreten ist, um wirtschaftlichen Zielen durch Stadtentwicklung dazu zu verhelfen, globale nationale Produktionsresultate zu erreichen, die auf dem Europa- und Weltmarkt besser erkannt werden, kommt man jetzt zur Erkenntnis, daß die Vielfältigkeit und ihre Entwicklung auch ein Reichtum ist und daß die Bewahrung der ländlichen Kulturlandschaften von großer Wichtigkeit ist.

b) Förderungsmaßnahmen und praktische Auswirkungen

In einem liberalen Wirtschaftssystem muß die Raumordnung psychologische und materielle Voraussetzungen schaffen, um die Unternehmen an den Planungsvorstellungen zu interessieren. Die D.A.T.A.R. erarbeitet dafür die sogenannten „mesures d'incitation" (Förderungsmaßnahmen). Diese können in drei größere Auftragsgebiete aufgeteilt werden:

— Verbesserung des Arbeitsangebotes in den hilfsbedürftigen Prioritätsgegenden

— Raumbewertung im Sinne der Lebensqualität

— Angleichung der regionalen Chancen durch angepaßte Verkehrsnetze und soziale Kommunikation.

1. Verbesserung des Arbeitsangebotes in den hilfsbedürftigen Prioritätsgegenden

Den Gebieten, die an Landflucht leiden, wird eine besondere Hilfe für nicht-landwirtschaftliche Tätigkeit gewährt: jeder Kanton, der weniger als 20 Einwohner/km^2 hat und in einer durch die EWG erklärten benachteiligten Zone liegt, kann Anspruch erheben auf Prämien für neugegründete Arbeitsplätze; jedes Unternehmen, das 1 – 10 Arbeitsplätze gründet, erhält 20 000 F/Arbeitsplatz; für den 11. bis 20. Arbeitsplatz erhält es 15 000 F und 8 000 F für den 21. bis 30. Arbeitsplatz. Auch für neue Handwerksplätze und Arbeitsverträge für 17–25jährige Arbeitnehmer sind Prämien vorgesehen; gewisse Zuschüsse unterstützen die Mobilität der Unternehmen.

Karte 4   *Politik der mittleren Städte*
                              – Stand 1976 –

● ABGESCHLOSSENE VERTRÄGE

○ VERTRÄGE IN VORBEREITUNG   QUELLE: DATAR 1976

Karte 5　　　　　　　　　*Erneuerungszonen in ländlichem Raum und im Gebirge*

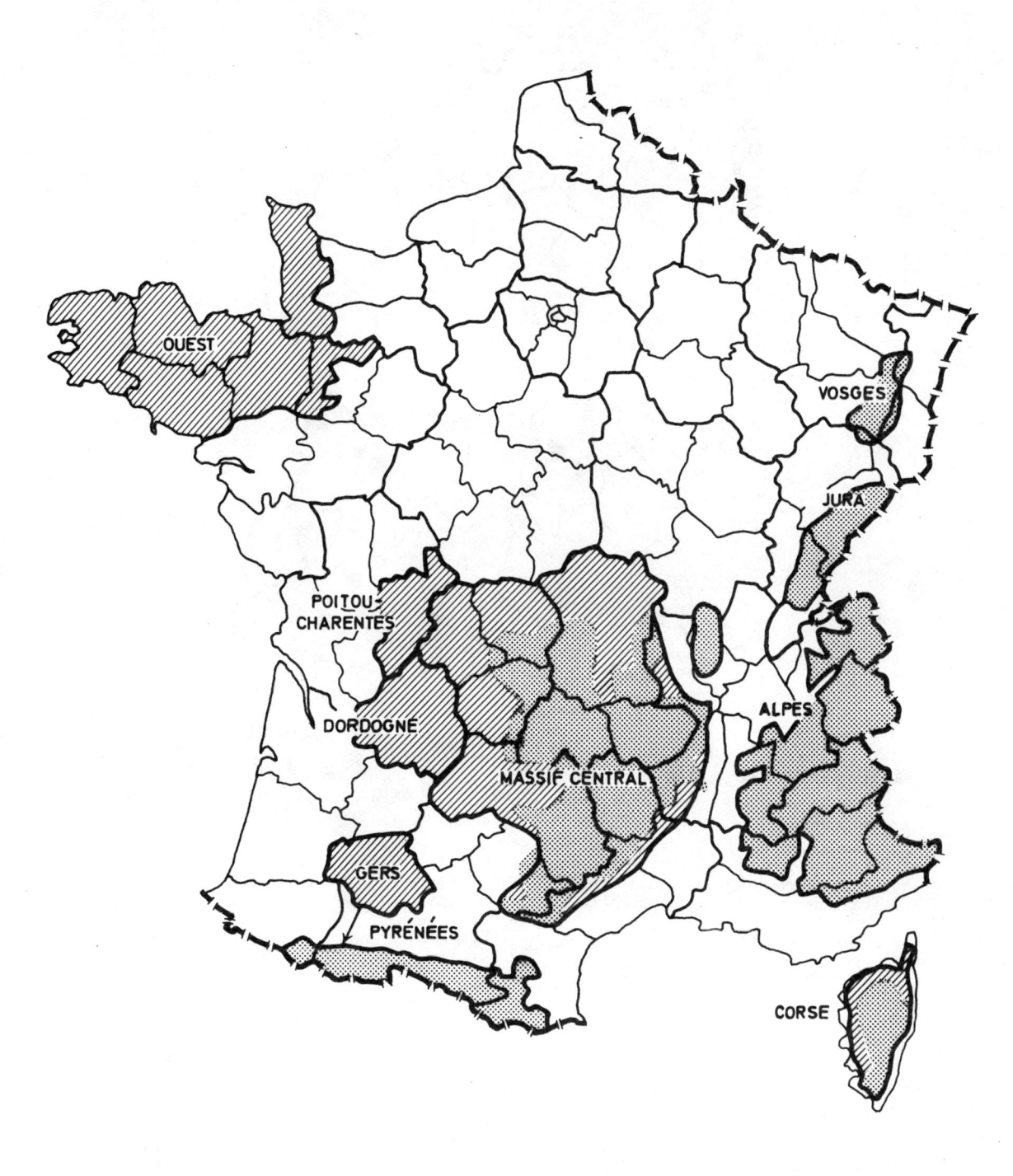

　　　　LÄNDLICHE ERNEUERUNGSZONE
　　　　IN EINER GEBIRGSGEGEND

　　　　ERNEUERUNGSZONE IM GEBIRGE　　　　　　　QUELLE: DATAR – CAES 1979

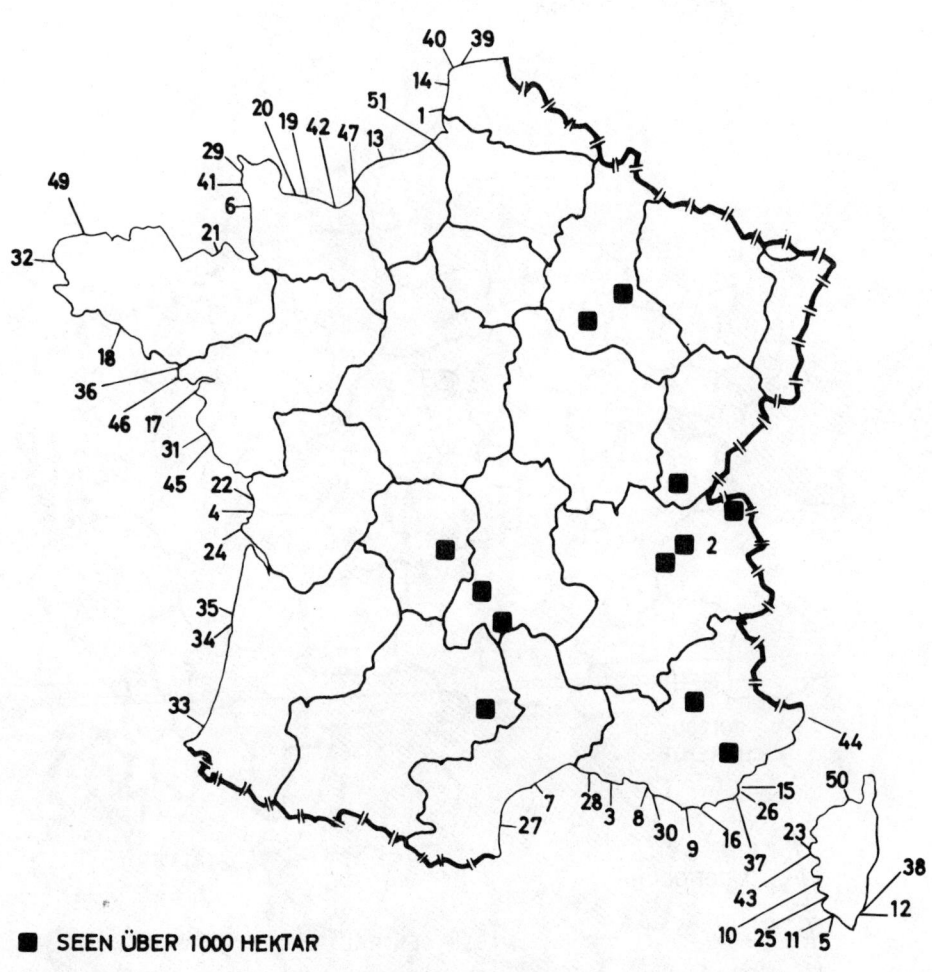

Karte 6   *Bodenaneignung der öffentlichen Hand
durch das Küstenkonservatorium (Stand 1979)*

■ SEEN ÜBER 1000 HEKTAR

Benennung		Fläche	Benennung		Fläche
1	Les Garennes de Lornel	291 ha	25	Migini	48 ha
2	Roc de Chère	40 ha	26	Cap Lardier	21 ha
3	La Pallissade	702 ha	27	Le Lido	278 ha
4	Marais de Brouage	79 ha	28	Pointe de l'Espiguette	112 ha
			29	Les Vertes Fosses	60 ha
5	Roccapina	510 ha	30	Presqu'ile de Port Miou Plaine du Ris	107 ha
6	Les Mielles d'Allonne	27 ha	31	La Gachère	47 ha
7	Le Petit Travers	125 ha			
8	La Fontasse	243 ha	32	Les Blancs Sablons	43 ha
			33	La Semie	25 ha
9	Escampo-Bariou	39 ha	34	Cap Ferret	118 ha
10	Capo di Muro	202 ha	35	Sainte-Hèlène	21 ha
11	Senetosa	603 ha	36	Le Vieux fort	5 ha
			37	Cap Mimosa	113 ha
12	Santa Giulia	243 ha	38	Misser Anton Lavu Santu	38 ha
13	St Léger Hamcau	6 ha	39	Le Platier d'Oye	128 ha
14	Dunes de la Slack	77 ha	40	Dunes du Fort Mahon	37 ha
15	Cap Camarat	49 ha			
16	Castéu dou Souléu	15 ha	41	Dumes de Lindbergh	82 ha
17	La Pierre Attelée	25 ha	42	Les Batteries	8 ha
			43	Puntiglione	16 ha
18	Presqu'ile de Merrien	65 ha	44	Le Cabanon Le Corbusier	0,6 ha
19	Les Fonderies	1,4 ha	45	Le Bois St Jean	27 ha
20	Pointe du Hoc	12 ha	46	Pen Avel	9 ha
21	Plage du Port	7 ha	47	Mont Canisy	3,5 ha
22	Baie des Roussies	14 ha	48	Pointe Buzaré	0,4 ha
23	Pointe d'Omignia	61 ha	49	Dunes Ste Marguerite	11 ha
24	Les Combots d'Ansoire	943 ha	50	Terrice-les-Agriates	580 ha
			51	Ka Dune aux Loups	63 ha

Im Westen, im Massif Central und in den „zones de conversion" (Umbauzonen der Gegenden, die unter der Strukturkrise leiden), werden zu gleicher Zeit Prämien an die Betriebe und Zuschüsse an die betreffenden lokalen Körperschaften erteilt. Diese Politik erlaubt es z.B. von 1971 bis 1975 folgende Resultate zu erzielen: 270 Industrieansiedlungen von mehr als 2000 qkm Gelände in der Gegend Rhone-Alpes, 158 in der Bourgogne, 133 in der Region „Centre", 130 in der Picardie, 103 in der Provence-Cote d'Azur, 90 im Elsaß und 54 in der Region „Champagne-Ardenne".

Um die Industrialisierung der mittleren und kleineren Städte zu aktivieren, werden 15 000 – 22 000 F/neuer Arbeitsplatz als Prämie ausbezahlt, jedoch nur bis zu 800 Plätze, um große Ansiedlungen zu vermeiden.

In all diesen Gebietsteilen werden den Betrieben, die zugleich investieren und neue Arbeitsplatzangebote machen, Steuererleichterungen gewährt. Den Unternehmen, die sich aus der Pariser Gegend in diese bedürftigen Raumteile dezentralisieren, wird besondere Zusatzhilfe gewährt (Prämien, Krediterleichterungen, Ansiedlungsvergütungen, Steuerermäßigung).

Obwohl die Entwicklung dieser Gebiete starke Erfolge erzielt hat, sind die Unterschiede den reicheren Gegenden gegenüber noch umfangreich.

Folgende Daten geben ergänzend ein Bild des regionalen Einflusses der Prämienpolitik sowie der Einwirkung ausländischen Kapitals.

Tabelle 2 *Regionalprämien*

Regionen	Gewährte Kredite öffentlicher Hand in Millionen Francs		
	1977	1978	1979
Alsace	0,500	2,000	–
Aquitaine	–	1,850	2,000
Auvergne	0,420	1,500	1,300
Bourgogne	0,400	1,500	1,500
Bretagne	0,500	2,500	6,500
Centre	0,300	3,000	1,700
Champagne - Ardenne	2,730	5,000	1,000
Corse	–	0,700	0,340
Languedoc - Rossillon	–	0,500	2,500
Limousin	–	1,040	1,600
Lorraine	–	1,000	2,500
Midi - Pyrénées	–	2,000	3,000
Nord - Pas-de-Calais	–	2,000	2,000
Normandie (Basse-)	1,000	5,000	3,000
Normandie (Haute-)	0,300	1,700	2,000
Pays de la Loire	1,500	2,500	6,000
Picardie	–	0,600	1,000
Poitou - Charentes	1,600	5,000	–
Provence - Alpes - Côte d'Azur	–	1,500	–
Rhône - Alpes	2,000	5,000	7,500
Ile-de-France	–	20,000	6,000
Zusammen	11,750	66,890	53,440

Tabelle 3 *Gewährte Regionale Entwicklungsprämien für neue industrielle Arbeitsplätze im ersten Semester 1979*

Regionen	Anzahl	Summe in Francs	Vorgesehene neue Arbeitsplätze
Alsace	16	10.950.036	595
Aquitaine	32	13.182.656	1.083
Auvergne	16	5.024.740	473
Bourgogne	1	186.840	30
Bretagne	78	37.879.842,5	2.054
Centre	6	1.214.030,5	338
Champagne - Ardenne	4	5.828.360	509
Corse	2	1.005.491	42
Franche-Comté	4	1.032.692	244
Languedoc - Roussillon	8	15.746.814	963
Limousin	18	9.222.714	462
Lorraine	49	74.172.408	2.436
Midi - Pyrénées	36	18.497.975	1.085
Nord - Pas-de-Calais	12	8.107.287	850
Basse-Normandie	20	16.784.172	1.288
Haute-Normandie	1	840.000	56
Pays de la Loire	56	36.314.357	2.617
Picardie	1	190.000	40
Poitou - Charente	34	30.070.568	2.297
Provence - Côte d'Azur	1	226.800	30
Rhône - Alpes	11	1.926.270	181
Zusammen	406	288.404.053	18.073

Tabelle 4 *Gewährte Regionale Prämien für neue Arbeitsplätze im Dienstleistungsbereich während des ersten Semesters 1979*

Regionen	Anzahl	Summe in Francs	Vorgesehene Arbeitsplätze
Bretagne	1	3.800.000	152
Centre	1	360.000	24
Franche-Comté	1	300.000	30
Midi - Pyrénées	1	875.000	35
Poitou	1	840.000	42
Rhône - Alpes	5	6.694.000	609
Corse	1	300.000	15
Zusammen	11	13.169.000	908

Tabelle 5   Neugegründete Arbeitsplätze durch Investition Ausländischen Kapitals (1978)

Regionen	U.S.A.	BRD	Skandinavien	G.B.	Spanien	Italien	Benelux	Japan	Schweiz	Andere Staaten	Zusammen
Alsace	–	870	–	–	–	–	–	–	163	30	1.063
Aquitaine	–	–	–	–	50	–	–	–	–	–	50
Bourgogne	–	–	–	–	–	–	100	–	–	–	100
Bretagne	300	–	–	–	–	–	–	–	–	–	300
Centre	–	–	–	22	–	–	270	–	–	–	292
Champagne - Ardenne	360	500	–	–	150	–	–	–	–	–	1.010
Languedoc	200	200	–	–	250	–	–	–	–	–	650
Lorraine	1.290	720	110	145	–	–	405	–	100	–	2.770
Midi-Pyrénées	210	–	–	100	50	–	–	–	–	–	360
Nord-Pas-de-Calais	300	100	–	550	–	550	100	–	–	–	1.660
Normandie (Basse)	–	–	–	–	–	–	–	150	–	–	150
Normandie (Haute)	–	100	–	–	–	–	–	–	–	–	100
Pays de la Loire	355	–	–	–	–	–	–	–	50	–	405
Picardie	150	20	70	–	–	–	260	–	200	–	700
Provence-Côte d'Azur	435	–	–	85	–	100	–	–	–	–	620
Poitou-Charentes	30	–	–	–	–	150	–	–	30	–	210
Rhône-Alpes	525	1.080	–	–	100	–	–	–	–	–	1.705
Zusammen	4.155	3.650	180	902	600	800	1.135	150	543	30	12.145

2. Raumbewertung im Sinne der Lebensqualität

Auch hier haben die getroffenen Maßnahmen nur einen Teilerfolg erzielt: die Gleichgewichtsmetropolen können die Funktionsmacht der Pariser Gegend leicht abbauen. Dennoch verstärken sich die regionalen Oberzentren auf demographischem und wirtschaftlichem Gebiet. Beinahe fünfzig Verträge sind zwischen der D.A.T.A.R. und den mittleren Städten bereits unterzeichnet worden: jede Stadt wird für spezifische Einrichtungen finanziert, so daß Vielfältigkeit und Originalität bewahrt werden.

Um den ländlichen Raum weitere Chancen zu geben, sind auch Verträge mit Kleinstädten und kleinen Landeinheiten („pays") vorgesehen. Bis jetzt sind hauptsächlich westliche Städte und „pays" sowie Kleinstädte und Kleinlandschaften im Massif Central und in peripheren Nord- oder Ostregionen bevorzugt worden (Karte 7).

Die betroffenen Bergwerksgegenden werden trotz der Krise neu ausgestattet, damit das urbane Leben auf moderne Weise weitergeführt werden kann. Die Gebirgsgürtel und übrigen ländlichen Gebiete sind im Begriff, Mehraktivität zu entfalten im Rahmen einer jungerarbeiteten Umweltschutzgesetzgebung. Die Ankurbelungsmöglichkeiten und Finanzvoraussetzungen sind jedoch noch zu gering, um Neubelebung in größerem Maße zu erzwingen: die lokalen Körperschaften bleiben steuerschwach und das regionale Kapital hat zu wenig Schlagkraft; ausländische Niederlassungen sind nicht zahlreich genug – und auch nicht immer erwünscht –, um „äußere" Hilfe zu bieten neben den Pariser Dezentralisierungsversuchen.

Die Küstenplanung hingegen leidet an einem oft „wilden" Verstädterungsprozeß, der Raumordnung kolossal erschwert oder erlahmt. Die Modellplanungen der Languedoc-Roussillon und der Cote Aquitaine bahnen einige neue Wege.

3. Angleichung der regionalen Chancen durch angepaßte Verkehrsnetze und soziale Kommunikation

Die Entwicklung nimmt vier Hauptrichtungen an:

– Verbesserung des Autobahn- und Schnellstraßennetzes
– Wiederbelebung des Eisenbahnnetzes
– Modernisierung der Meereshäfen und -verbindungen
– Verdichtung und Erweiterung des Fernmeldenetzes.

Obwohl die rein nationalen Verwirklichungen überwiegen, wird besonders darauf geachtet, daß die Verkehrsnetze so rasch wie möglich an die europäischen Infrastrukturen angeschlossen werden. Seinerseits hilft auch der Europäische Regionale Entwicklungsfonds, die regionalen Gefälle zu dämmen (400 Millionen FF für 1978 z.B.).

Seit 1975 besteht ein Programm von Prioritätsaktionen („programme d'actionsprioritaires", P.A.R.) für Auto- und Eisenbahn, das ein besseres Ost-West-Gleichgewicht herstellen soll durch Einrichtung direkter Verbindungen: bis 1983 sollen etwa 180 Kilometer Autostraßen gebaut werden. Die Eisenbahnlinien der Westgegenden, besonders die, die die Atlantikküste ‚betreuen', müssen moderni-

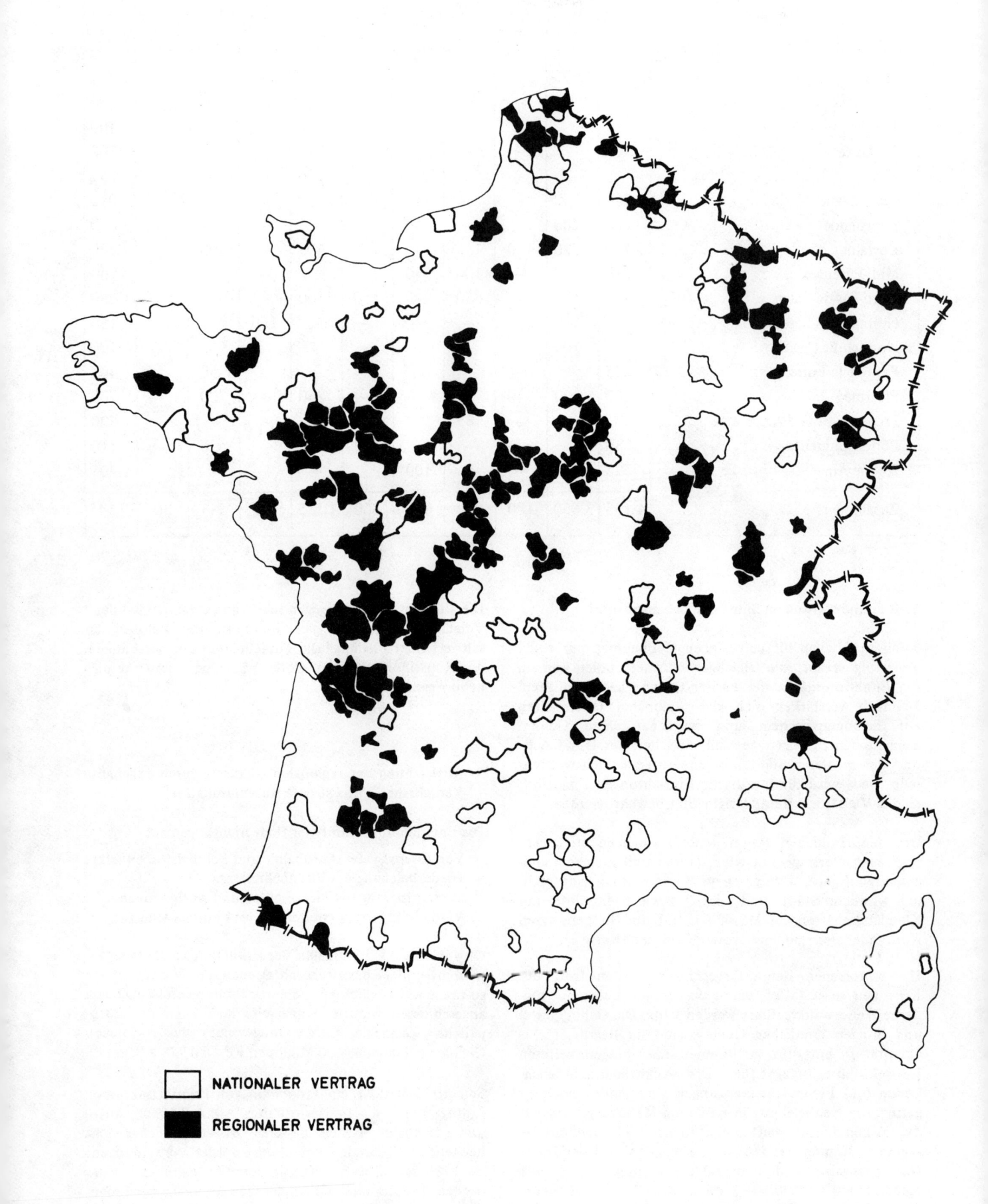

Karte 7   *Kleine Landeinheitsverträge*
           (Stand: 1.1.1979)

☐ NATIONALER VERTRAG
■ REGIONALER VERTRAG

siert werden. Züge mit großer Geschwindigkeit („trains à grande vitesse", T.G.V.) sind vorgesehen, vorerst auf der Strecke Paris–Lyon.

Die Hafenanlagen der Seeschiffahrt werden modernisiert und erweitert, um neue Industrialisierung zu erleichtern und vielfältigere Verbindungen anzustreben. Besonderer Wert wird auf die Binnenverbindung Nordsee–Mittelmeer gelegt. All diese groß-angelegten Planungen leiden jedoch an unzulänglichen Krediten. Obwohl auch Privatkapital herangezogen wird, werden viele Projekte nur langsam oder teilweise verwirklicht.

Anders steht es jedoch mit dem Fernmeldenetz, das sich in den letzten Jahren rasch erweitert und verdichtet hat. Der VII. Entwicklungsplan (1976 – 80) sieht dafür 105 Milliarden FF vor, damit der ländliche Raum attraktiver wird.

4. Regionale Wirtschaftsförderung

Außer der Suche nach einer intensiveren Raumeffizienz und einer besseren Verteilung der Raumeigenschaften will die Regierung das Ausfuhrangebot dadurch stärken, daß alle Regionen dazu beitragen sollen, besonders die peripheren Gebiete, worunter hauptsächlich der Südwesten heutzutage neuen Ansporn erhält. Die drei Gegenden Aquitaine, Midi-Pyrenees und Languedoc-Roussillon werden 1978 zum „Grand Sud-Ouest" bestimmt. 1979 wird diesem großen Südwesten außerdem für fünf Jahre ein Kredit von 350 Millionen Francs von der Europäischen Gemeinschaft gewährt, damit er sich im allgemeinen nationalen und europäischen Gefüge besser entfalten kann, den französischen Durchschnittsquoten rascher angleichen kann und im europäischen Wettbewerb konkurrenzfähigere Mittel erwerben soll. Sogar die drei angrenzenden spanischen Gegenden – das Baskenland, Aragonien und Katalonien – weisen einen höheren Prozentsatz industrielle Arbeitsplätze auf: mit 41 % übertreffen sie zugleich die französische Durchschnittsquote (39 %) und diejenige des Südwestens (32 %).

IV. Zukunftsüberlegungen

Trotz aller Maßnahmen bleibt Frankreich jedoch durch einen unzulänglichen Raumausgleich belastet. Bereits seine Kommunalstruktur hat sich wenig verändert. Die Zersplitterung bleibt beibehalten, die „Großstädte" haben wenig Gewicht außer Paris, Lyon und Marseille. Die Finanzkraft der Gemeinden ist schwach; die Departements sind zugleich räumlich eingeengt und dem Staat gegenüber zu sehr finanzabhängig. Die folgenden Tabellen beleuchten diesen Rückstand.

Tabelle 6   *Vergleichende Kommunalstruktur in Frankreich und in der Bundesrepublik Deutschland*

Einwohnergröße	Anzahl Gemeinden				Anzahl Einwohner			
	BRD		Frankreich		BRD		Frankreich	
	(1967)	%	(1979)	%	(1967)	%	(1979)	%
100.000 et +	57	0,2	39	0,1	19.434.900	32,5	9.667.102	18,1
50.000 à 100.000 hab.	54	0,2	68	0,1	3.752.900	6,3	4.486.118	8,4
20.000 à 50.000 hab.	198	0,8	277	0,7	6.102.100	10,2	8.375.757	15,7
10.000 à 20.000 hab.	372	1,5	381	1,1	5.019.600	8,4	5.242.414	9,8
5.000 à 10.000 hab.	855	3,5	725	2,0	5.717.400	9,7	4.949.765	9,3
2.000 à 5.000 hab.	2.379	9,8	1.939	6,0	7.298.700	12,2	6.483.118	12,2
500 à 2.000 hab.	9.591	39,3	10.907	27,5	9.417.400	15,7	9.233.936	17,3
– de 500 hab.	10.852	44,6	22.498	62,4	2.947.100	5,0	4.965.593	9,3
Zusammen	24.358		36.834					

Tabelle 7   *Anzahl Einwohner nach Gemeindegröße*

	1946		1954		1962		1968		1975	
Gemeinden von	Einwohner	%	Einwohner	%	Einwohner	%	Einwohner	%	Einwohner	%
mehr als 2.000 Einwohner	16.208.910	40,0	15.996.867	37,4	15.572.578	32,7	15.030.702	29,6	14.332.255	26,7
2000 à 10.000 Einwohner	8.540.511	21,1	9.030.790	21,1	9.733.477	20,5	10.254.214	20,2	11.489.354	21,4
mehr als 10.000 Einwohner (ohne Paris)	13.027.718	32,2	14.896.599	34,8	19.441.171	40,9	22.948.036	45,1	25.557.934	47,6
davon mehr als 30.000	8.208.205	20,3	9.319.173	21,8	12.289.750	25,8	14.886.829	29,3	16.510.560	30,7
mehr als 50.000	6.062.175	15,0	7.044.487	16,5	9.349.414	19,7	10.975.071	21,6	11.939.763	22,2
Paris	2.725.374	6,7	2.850.189	6,7	2.811.171	5,9	2.607.625	5,1	2.317.277	4,3
Zusammen	40.502.513	100,0	42.774.445	100,0	47.558.397	100,0	50.840.577	100,0	53.696.770	100,0

Tabelle 8   *Städte über 100.000 Einwohner*

Stadtparlamente (Regierungspartei)	Stadtparlamente (Opposition)
PARIS	Lille
Lyon	Marseille
Nice	Grenoble
Toulouse	Saint-Etienne
Toulon	Montpellier
Metz	Rennes
Nancy	Nantes
Orléans	Le Mans
Perpignan	Villeurbanne
Mulhouse	Tourcoing
Aix-en-Provence	

Tabelle 9   *Ausgaben der Gemeinden und Gemeindeverbände*

		Gemeinden			Gemeindeverbände		Zusammen	
		Millionen Francs	F/Einwohner	1976/1970	Millionen Francs	1976/1970	Millionen Francs	1976/1970
Betriebsausgaben	1970	23.033	453	+149,1 %	1.683	+309,7 %	24.716	+160,1 %
	1976	57.386	1.066		6.896		64.282	
Investitionsausgaben	1970	16.957	333	+112,0 %	3.309	+246,3 %	20.266	+133,9 %
	1976	35.948	668		11.458		47.406	
Zusammen	1970	39.990	786	+133,4 %	4.992	+267,8 %	44.982	+448,3 %
	1976	93.334	1.734		18.354		111.688	

Tabelle 10   *Berufssteuergefälle der Gemeinden*

a) Städte über 100.000 Einwohner

Toulon	20,40 %	Besançon	13,40 %
Rennes	17,90 %	St-Nazaire	12,90 %
Nantes	17,30 %	Le Havre	12,40 %
Grenoble	17,20 %	Dijon	11,90 %
Metz	16,70 %	Paris	10,50 %
Orléans	15,80 %	Tours	10,50 %
Marseille	14,90 %	Lyon	8,63 %
St-Etienne	14,40 %	Montpellier	8,03 %
Nancy	13,70 %	Villeurbanne	7,00 %
Toulouse	13,70 %	Clermont-Fd	6,30 %

b) Städte der Pariser Umgegend

Höchstquoten

Champigny-s/M.	23,10 %	Etampes	15,10 %
Bobigny	18,80 %	Bagnolet	14,10 %
Aulnay-sous-Bois	16,40 %	Cachan	14,80 %
Garges-I.-Gones.	16,10 %		

Niederquoten

Rueil	9,42 %	Puteaux	5,92 %
Suresnes	9,20 %	Boulogne	4,99 %
Asnières	8,89 %	Neuilly	1,24 %

Auch der Geburtenrückgang macht Sorgen, obwohl die französische Bevölkerung einen niedrigeren Altersdurchschnitt hat als andere europäische Staaten. In einem Vierteljahrhundert könnte sich die Einwohnerzahl verringern (sie erreicht heute 53,6 Millionen Menschen). Der Anteil der jungen Leute, die weniger als 20 Jahre alt sind, hat sich jedoch zwischen 1966 und 1980 von 34,1 % auf 30,4 % verringert. Die mehr als 65jährigen sind jedoch zwischen 1973 und 1980 von 13,4 % auf 14,1 % gestiegen. Das Departement Essonne in der Pariser Gegend weist die höchste Bevölkerungsentwicklung auf: zwischen 1968 und 1980 stieg seine Einwohnerzahl von 500.000 auf mehr als eine Million. Dieser Zustand bedeutet immer noch, daß die Pariser Gegend ihre Attraktivität weiter beibehält trotz einer gewissen Betriebs- und Bevölkerungsdezentralisierung.

All diese Raumordnungsmaßnahmen sind von derart hoch entwickelten Staaten aus betrachtet noch sehr bescheiden, haben aber in Frankreich zu einer umfangreichen Umwälzung geführt, besonders auf dem Gebiet der Neuentdeckung des lokalen, subregionalen und regionalen Charakters und dessen natürlichen Triebfedern. Diese Revolution des Geistes ist sicher von größerer Bedeutung als die bis jetzt nur teilweise gelungenen Dezentralisierungsversuche. Die Beschleunigung der raumordnerischen Verwirklichungen in den letzten Jahren ist Beweis genug, daß die psychologischen Grundlagen solch einer Wandlung eine gewisse Zeitspanne brauchen, um sich bemerkbar zu machen und es überhaupt einem liberalen System erlauben, technische Vorhaben mit Erfolg durchzuführen.

Tabelle 11   *Berufssteuergefälle der Départements*

Ain	5,47 %	Lozère	–	Doubs	3,81 %	Sarthe	4,59 %
Aisne	5,77 %	Maine-et-Loire	3,74 %	Drôme	6,81 %	Savoie	5,94 %
Allier	6,84 %	Manche	–	Eure	3,29 %	Savoie (Haute)	3,36 %
Alpes (Hte-Prov.)	–	Marne	3,59 %	Eure-et-Loir	4,36 %	Paris	0,00 %
Alpes (Htes)	–	Marne (Hte)	3,52 %	Finistère N	4,41 %	Seine-Maritime	5,35 %
Alpes-Maritimes	5,50 %	Mayenne	4,38 %	Finistère S	–	Seine-et-Marne	4,34 %
Ardèche	–	Meurthe-et-Mosel.	4,82 %	Gard	5,02 %	Yvelines	2,60 %
Ardennes	5,07 %	Meuse	–	Garonne (Hte)	8,11 %	Sèvres (Deux)	–
Ariège	–	Morbihan	6,11 %	Gers	–	Somme	5,61 %
Aube	4,55 %	Moselle	4,78 %	Gironde	6,10 %	Tarn	6,07 %
Aude	–	Nièvre	5,24 %	Hérault	7,05 %	Tarn-et-Garonne	–
Aveyron	–	Nord	3,59 %	Ille-et-Vilaine	5,06 %	Var	4,99 %
Bouches-du-Rh.	2,78 %	Oise	4,57 %	Indre	5,56 %	Vaucluse	7,19 %
Calvados	5,77 %	Orne	–	Indre-et-Loire	4,13 %	Vendée	5,63 %
Cantal	–	Pas-de-Calais	4,40 %	Isère	4,96 %	Vienne	4,69 %
Charente	6,11 %	Puy-de-Dôme	5,57 %	Jura	–	Vienne (Hte)	4,96 %
Charente-Marit.	7,00 %	Pyrénées-Atlant.	7,40 %	Landes	5,77 %	Vosges	4,58 %
Cher	5,31 %	Pyrénées (Htes)	6,90 %	Loir-et-Cher	4,30 %	Yonne	4,73 %
Corrèze	–	Pyrénées-Orient.	7,48 %	Loire	3,79 %	Belfort	–
Corse	–	Rhin (Bas)	4,08 %	Loire (Hte)	–	Essonne	3,36 %
Côte-d'Or	4,65 %	Rhin (Haut)	4,38 %	Loire-Atlantique	6,38 %	Hauts-de-Seine	3,97 %
Côtes-du-Nord	4,55 %	Rhône	3,94 %	Loiret	3,75 %	Seine-St-Denis	6,25 %
Creuse	6,03 %	Saône (Haute)	5,85 %	Lot	–	Val-de-Marne	6,44 %
Dordogne	–	Saône-et-Loire	4,06 %	Lot-et-Garonne	–	Val-d'Oise	4,86 %

Kurze Literaturangaben

1958:	*Gravier, J.–F.:*	„Paris et le désert français", Verlag Flammarion, Paris.
1965:	*Guichard, O.:*	„Aménager la France", Verlag Laffont-Gonthier, Paris.
1968:	*Pouyet, B.:*	„La délégation à l'aménagement du territoire et à l'action régionale", Verlag Cujas, Paris.
1969:	*Damette, F.:*	„Le territoire français et son aménagement", Editions Sociales, Schriftenreihe: „Economie et Politique", Paris.
1972:	D.A.T.A.R.:	„Schéma général d'aménagement de la France", Verlag: „La Documentation Française", Schriftenreihe: „Travaux et recherches de prospective", Paris.
1973:	*Monod, J., Castelbajac, Ph. de:*	„L'aménagement du territoire", Verlag: „Presses Universitaires de France", Schriftenreihe: „Que sais-je? ", Paris.
1974:	*Monod, J.:*	„La transformation d'un pays. Pour une géographie de la liberté", Verlag: Fayard, Paris.
1975:	*Giscard D.Estaing, V.:*	„Lettre du 22.7.75 au Premier Ministre sur l'Aménagement du Territoire: une politique et ses moyens", D.A.T.A.R., Paris.
1976:	D.A.T.A.R.:	„L'aménagement du territoire: une politique et ses moyens", Selbstverlag, Paris.
	D.A.T.A.R.:	„Schéma général d'aménagement de la France", Verlag: „La Documentation Française", Paris.
1977:	D.A.T.A.R.:	„Les OREAM et l'aménagement du territoire", Verlag: „La Documentation Française", Paris.
1978:	*Basti*é und Mitarbeiter:	„Décentralisation des activités tertiaires en France", in „Cahiers du Centre de Recherches Analyse de l'Espace", Paris, 4/1978
	D.A.T.A.R., Commission I:	„Nouvelles données et nouvelles chanees de l'aménagement du territoire – quelles lignes d'action pour la D.A.T.A.R.? " Note de synthése, Paris, Oktober 1978
	D.A.T.A.R., Commission IV:	„Conférence Nationale de l'Aménagement du Territoire – L'Aménagement du Territoire dans son contexte international", Synthése général, Paris
	Dulong (R.):	„Les Régions, l'Etat et la Societé Locale", Preves Universitaires de France, Paris.
	Forget (I.–P.):	„Matériaux pour une réflexion sur la planification territoriale – Biblio-geographie et annexes", in Zeitschrift „Bulldoc", Centre de Documentation sur l'Urbanisme, Paris, Nr. 57/Juli 1978
1979:	*Lanversin (I. de):*	„La region et l'aménagement du territoire", Verlag „Libairies Technique, Paris, 434 S.
	Lesourne (T.), Loue (R.):	„L'analyse des décisions d'aménagement regional", Reihenfolge „Aspects de l'Urbanisene", 248 S., Verlag Dunod, Paris.

Einige laufende Veröffentlichungen

- „Loi de finances – Annexe: „Régionalisation du budget d'équipement et aménagement du territoire" (anläßlich des jährlichen Finanzgesetzes), Verlag: „Imprimerie Nationale", Paris.
- D.A.T.A.R., Association Bureaux-Provinces, Chambre de Commerce et d'Industrie de Paris: „Aides au développement régional – Industrie – Tertiaire – Recherche", Paris.
- Institut d'Etudes Politiques de l'Université de Grenoble: „Aménagement du Territoire et développement régional", Verlag: „La Documentation Française", Paris (laufende Reihenfolge seit 1968).
- La Documentation Française, Paris: laufende Reihenfolge in „Notes et études documentaires", D.A.T.A.R.": „Rapport annuel au gouvernement".

Raumordnung in Großbritannien [1])

von
Carl-Heinz David, Dortmund

INHALT

I. Rechtsgrundlagen

II. Stellung der Raumordnung im Rahmen des Staats- und Verwaltungssystems

   a) Begriff und Aufgabenverständnis

   b) Strukturierung des englischen Planungssystems durch die Kompetenzverteilung zwischen Central Government und Local Government

III. Aufgaben und Ziele

   a) Übersicht über einige räumliche Grundprobleme

   b) Naturräumliche und demographische Grunddaten

   c) Sektoral orientierte Zielkomplexe an Stelle eines integrativen Zielsystems

     1. Bereich Städtebau, Stadterweiterung, Kommunalwesen

     2. Bereich Industrieansiedlung, Arbeitsbeschaffung

     3. Bereich ländliche Gebiete, Erhaltung der natürlichen Umwelt, Ressourcenschutz

IV. Zum Planungsinstrumentarium

   a) Zum regionalplanerischen Planinstrumentarium

   b) Zum Instrument der Developement Plans

I. Rechtsgrundlagen

Großbritannien besitzt bekanntlich keine geschriebene Verfassung, so daß von daher eine verfassungsrechtliche Vorstrukturierung der Raumordnungsmaterie ausscheidet. Es gibt auch keine dem BROG vergleichbare konsolidierte gesetzliche Regelung des Raumordnungsrechts. Eine Reihe von Gesetzen betrifft jedoch raumordnungsrelevante Sachverhalte, wobei sich grob etwa drei Gruppen von Gesetzgebungsmaterien unterscheiden lassen:

(1) Bereich Städtebau, Stadterweiterung, Kommunalwesen,
z.B. Town and Country Act (TCPA) 1972[2]),
New Towns Act 1975,
Community Land Act 1975,
Local Government Act 1976,
Inner Urban Areas Act 1978

(2) Industrieansiedlung und Arbeitsbeschaffung,
z.B. Industry Act 1975,
Local Employment Act 1972,
Intermediate Areas and Derelict Land Clearance, Area Order 1972

(3) Ländliche Gebiete, Erhaltung der natürlichen Umwelt, Ressourcenschutz
z.B. Countryside Act 1968,
Clean Air Act 1968,
Water Resources Act 1963,
Nature Conservancy Council Act 1973
Control of Pollution Act 1974

Die Rechtssituation in Großbritannien [3]) differiert zwischen England, Wales und Schottland. Im folgenden wird zur Vermeidung von Verwirrung auf die Rechtslage in England abgestellt.

---

[1]) Der Beitrag stellt eine Fortschreibung und Zusammenfassung früherer Arbeiten des Verfassers dar, auf die zur weiteren Einarbeitung in die Materie und für weitgehende Hinweise verwiesen wird. Es sind dies insbesondere *David*, Rechtsgrundlagen des englischen Städtebaus, 1972 (zit. Rechtsgrundlagen Städtebau) sowie der Abschnitt: Rechtsgrundlagen des Planungsinstrumentariums der englischen Regionalpolitik, in *David:* Ausländische Raumordnungsprobleme in rechtsvergleichender Sicht, Beiträge zum Siedlungs- und Wohnungswesen und zur Raumplanung, Bd. 30, Münster 1975, S. 59 ff. (zit. Rechtsgrundlagen Regionalpolitik); ferner: Zu Stand und Stellenwert des Raumordnungsrechts in verschiedenen westeuropäischen Ländern, in: Informationen zur Raumentwicklung 1978, H. 11/12, S. 927 ff.

[2]) Die Jahreszahl gibt jeweils das Jahr des Erlasses bzw. der letzten Novellierung an, durch die aber die frühere Gesetzesfassung u.U. nur teilweise überholt sein kann, so daß sie im übrigen fortbesteht. Bezüglich Fundstellen, Materiallage etc. vgl. *David* (Fn 1) Rechtsgrundlagen Städtebau, S. 18 f.

[3]) Vgl. zur definitorischen Abgrenzung u. Fn 8)

Abb. 1　　　　　　　　　　*The Assisted Areas*

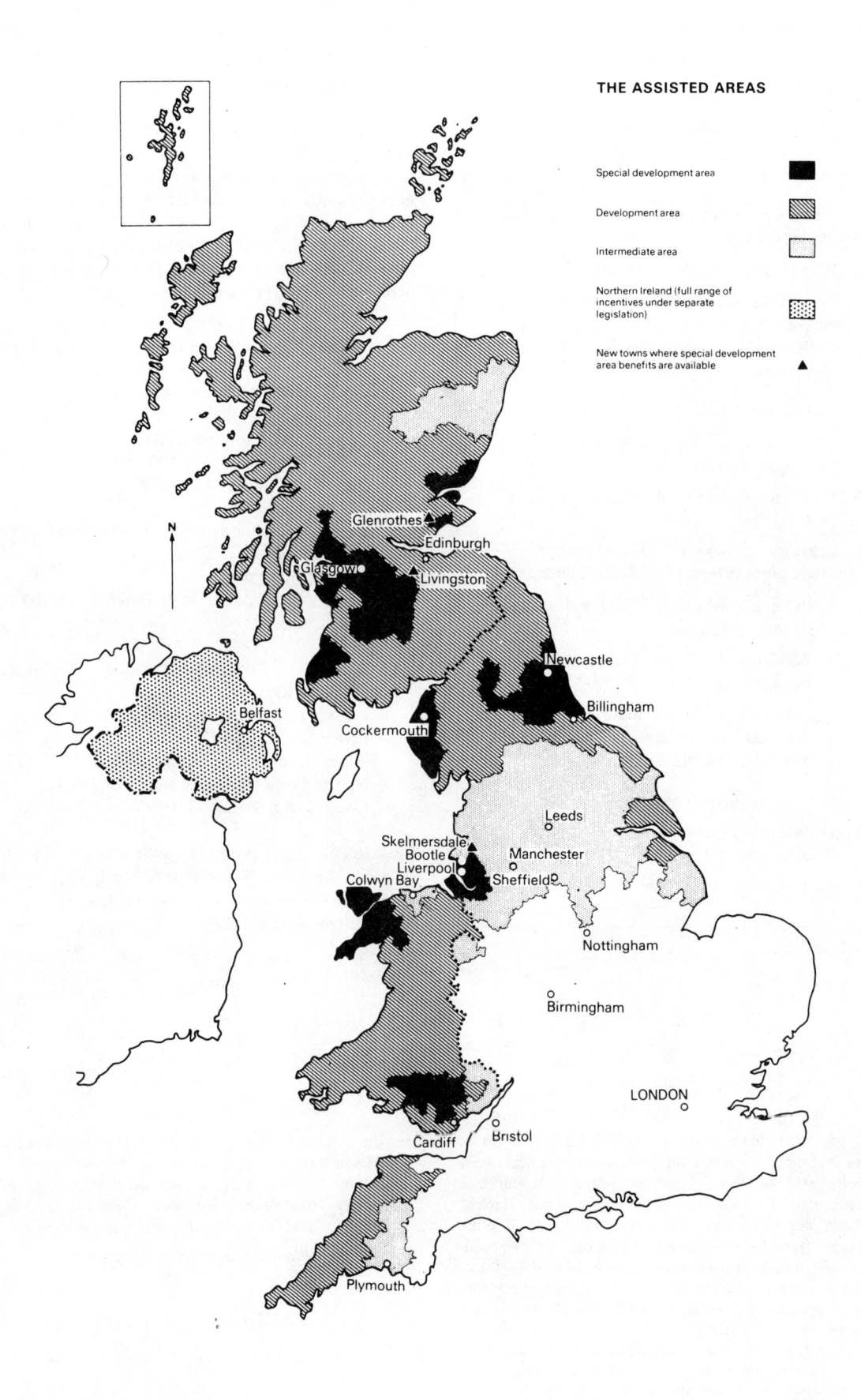

THE ASSISTED AREAS

- Special development area ■
- Development area ▧
- Intermediate area ░
- Northern Ireland (full range of incentives under separate legislation) ▦
- New towns where special development area benefits are available ▲

Quelle: H.M.S.O. Britain 1979 S. 209

Abb. 2   *Economic Planning Regions and new towns*

Quelle: H.M.S.O. Britain 1979 S. 159

II. Stellung der Raumordnung im Rahmen des Staats- und Verfassungssystems

a) Begriff und Aufgabenverständnis

Die Begriffe Raumordnung bzw. Raumordnungspolitik sind nur begrenzt mit dem englischen Begriff „Regional Policy" gleichzusetzen [4]). Die Vorstellung einer alle Ressortaufgaben unter überfachlichen Gesichtspunkten und raumbezogen koordinierenden Raumordnungsaufgabe ist dem englischen Rechts- und Planungsdenken nicht geläufig, wenngleich angesichts der ausgeprägten regionalen Disparitäten Regionalpolitik und insbesondere regionale Wirtschaftspolitik auch in Großbritannien essentielle Bedeutung sowohl im Rahmen der allgemeinen Regierungspolitik als auch von der Interessenlage der einzelnen Teilräume her haben. Namentlich die Fachpolitiken der einzelnen Ressorts der Zentralregierung unterliegen einer Regionalisierung in dem Sinne, daß die zur Verfügung stehenden Ressortmittel im Rahmen von Programmen auf die einzelnen Teilräume des Landes verteilt werden. Dies wird im Englischen als Regionalisierung der nationalen Politiken bezeichnet (Regionalization of National Policies), wobei die ressortpolitischen Gesichtspunkte selbstverständlich durch Vorgaben der allgemeinen Regierungspolitik beeinflußt werden, ohne daß allerdings dahinter ein der Raumordnung vergleichbares Aufgabenverständnis stünde. Der Begriff „Regional Policy" ist also kein Rechtsbegriff, sondern gehört dem politisch-ökonomischen Bereich an [5]).

Die Regionalplanung weist zwei Entwicklungszweige auf, indem sie einmal eine Fortentwicklung der städtebaulich-technischen Planung vornimmt, zum anderen sich an Gesichtspunkten ökonomischer Planung orientiert.

b) Strukturierung des englischen Planungssystems durch die Kompetenzverteilung zwischen Central Government und Local Government

Zwei verfassungsrechtliche Unterschiede zur Bundesrepublik bestimmen insbesondere die Andersartigkeit der englischen Planungs- und Verwaltungsorganisation. Es sind dies das Fehlen einer Föderalstruktur und das Fehlen einer expliziten verfassungsrechtlichen Garantie der kommunalen Selbstverwaltung. Letzterem entspricht in der Verfassungsrealität eine verhältnismäßig starke Abhängigkeit des Local Government von der Zentralregierung in London.

Das Fehlen einer Föderalstruktur wird in gewissem Umfang dadurch ausgeglichen, daß die einzelnen Ministerien, soweit erforderlich, einen regionalen Unterbau als nachgeordnete Behörden im Lande besitzen. Teilweise bedienen sie sich auch öffentlicher Aufgabenträger mit Körperschaftscharakter.

Es gibt auch keine den deutschen Regierungspräsidien vergleichbare Organisationsform, die auf einer Mittelinstanzebene zu einer Aufgabenkonzentration führt und von den Ressorts der Zentralregierung in Anspruch genommen werden könnte.

Eine gewisse Regionaleinteilung ergibt sich durch die Zusammensetzung Großbritanniens aus England, Schottland und Wales sowie daraus, daß England in 8 sogenannte Standardregionen eingeteilt ist, deren Abgrenzung ursprünglich auf kriegswirtschaftliche Erfordernisse zurückging und die dann für wirtschaftspolitische und namentlich statistische Zwecke herangezogen worden sind. Inzwischen sind sie durchaus zu regionalpolitischen Planungsräumen geworden, nachdem die ursprünglich der Aufsicht des inzwischen aufgelösten Wirtschaftsministerien unterstehenden Regionalwirtschaftsplanungsräte (Regional Economic Planning Council) und -behörden (Regional Economic Planning Board) in die Zuständigkeit des für die Regionalplanung [6]) zuständigen Department of the Environment (DOE) üernommen worden sind.

Die Lockerung der Abhängigkeit des Local Government vom Central Government, die sich insbesondere über eine Fülle von Genehmigungserfordernissen und in finanzieller Hinsicht äußert, wird zwar politisch immer wieder gefordert (Devolution of Power), vollzieht sich aber nur zögernd. Faktisch erfährt das Local Government jedoch in seinem politischen Stellenwert insofern eine erhebliche Aufwertung, als es namentlich in den großen Agglomerationsräumen der universelle Aufgabenträger ist, in dessen räumlichen Zuständigkeitsbereich die verschiedenen Fachpolitiken zusammenzuführen sind, um die anstehenden namentlich wirtschaftlichen und verkehrsmäßigen Probleme zu lösen. Die kommunale Verwaltungspraxis in den großen Agglomerationen ist vielfach richtungsweisend für nachfolgend für das ganze Land legislatorisch realisierten Reformen.

Die Kommunalstruktur ist nach einer Kommunalreform von 1972 einheitlich zweistufig, wobei allerdings die kommunale Regelorganisationsform für 6 sogenannte Metropolitanbezirke zu einer Agglomerationsorganisationsform modifiziert ist, während London – bei dieser Kommunalreform ausgeklammert – seine frühere Sonderorganisationsform mit dem Greater London Council beibehalten hat.

Die städtebauliche Planung obliegt nun zwar dem Local Government in der noch näher zu erläuternden Weise [7]) bei allerdings starken ministeriellen Aufsichtsbefugnissen mit Einschluß der Möglichkeit der Erteilung detaillierter Einzelweisungen.

Die Standardregionen sind aber nicht für die räumliche Organisation der den anderen Ministerien nachgeordneten Behörden maßgebend.

---

[4]) Vgl. dazu näher *David*, Rechtsgrundlagen Regionalpolitik (Fn. 1), S. 59 ff.

[5]) Zur Regionalen Wirtschaftspolitik und deren Erfolg vgl. *Moore-Rhodes-Tyler*, The Impact of Regional Policy in the 1970's, in: Centre for Environmental Studies Review Nr. 1, 1977, S. 67 ff.

[6]) Vgl. dazu unten IV 1.

[7]) Vgl. dazu unten IV 2.

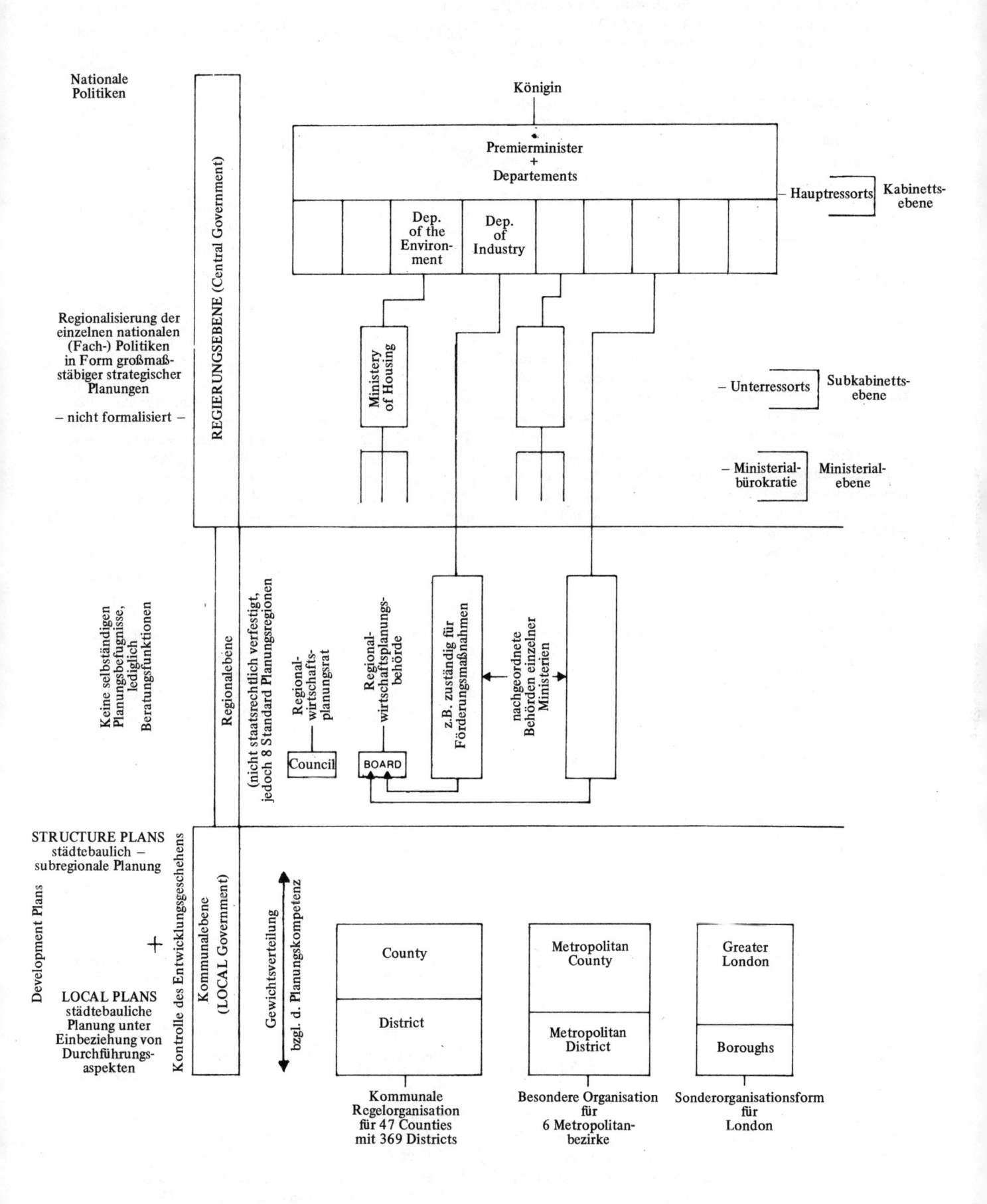

Übersichtsschema der Organisation der Raumplanung in Großbritannien

Nationale Politiken	REGIERUNGSEBENE (Central Government)	Königin — Premierminister + Departements
		Dep. of the Environment / Dep. of Industry — Hauptressorts / Kabinettsebene
Regionalisierung der einzelnen nationalen (Fach-) Politiken in Form großmaßstäbiger strategischer Planungen – nicht formalisiert –		Ministery of Housing — Unterressorts / Subkabinettsebene
		— Ministerialbürokratie / Ministerialebene
Keine selbständigen Planungsbefugnisse, lediglich Beratungsfunktionen	Regionalebene (nicht staatsrechtlich verfestigt, jedoch 8 Standard Planungsregionen)	Regionalwirtschaftsplanungsrat (Council) / Regionalwirtschaftsplanungsbehörde (BOARD) / z.B. zuständig für Förderungsmaßnahmen / nachgeordnete Behörden einzelner Ministerien
STRUCTURE PLANS städtebaulich – subregionale Planung	Kommunalebene (LOCAL Government)	County / District — Kommunale Regelorganisation für 47 Counties mit 369 Districts
Development Plans +	Kontrolle des Entwicklungsgeschehens	Metropolitan County / Metropolitan District — Besondere Organisation für 6 Metropolitanbezirke
LOCAL PLANS städtebauliche Planung unter Einbeziehung von Durchführungsaspekten	Gewichtsverteilung bzgl. Planungskompetenz	Greater London / Boroughs — Sonderorganisationsform für London

Versucht man die Organisationsstruktur der Raumplanung auf einige Grundaspekte zu reduzieren, so sind dies folgende:

– eine problemorientierte Regionalisierung der einzelnen nationalen Fachpolitiken als Ausgangspunkt,
– auf regionaler Ebene eine Vorbereitung der Koordination der dort zusammentreffenden Fachaufgabenträger
– und schließlich die Effektuierung der Abstimmung der kommunalen Planungen auf die Vorstellungen der Zentralregierung.

III. Aufgaben und Ziele

a) Übersicht über einige räumliche Grundprobleme

Die regionalpolitische Situation Großbritanniens ist durch erhebliche wirtschaftliche Disparitäten zwischen den einzelnen Teilräumen des Landes und insgesamt durch ein starkes Nord-Süd-Gefälle gekennzeichnet. Dabei wirkt sich insbesondere die Sogwirkung des südostenglischen Raumes mit seinem als überragenden Zentrum London und des Birminghamer Raumes aus, die wegen ihrer Standortvorteile von den Wachstumsindustrien zur Ansiedlung bevorzugt worden sind und im tertiären Sektor eine überdurchschnittliche Zunahme zu verzeichnen hatten, während namentlich die nord- und mittelenglischen Industriegebiete demgegenüber mit strukturschwachen Industrien besetzt sind. Die Bemühungen der englischen Regionalpolitik gehen vereinfacht dahin, die bestehenden Disparitäten abzubauen einerseits durch Förderungsmaßnahmen in den strukturschwachen Gebieten, zum anderen durch Begrenzung der Entwicklung im süd-ostenglischen und im Birminghamer Raum, wobei für letzteres zunehmend auch umweltpolitische Gesichtspunkte maßgebend sind.

b) Naturräumliche und demographische Grunddaten

Großbritannien [8] umfaßt eine Fläche von rd. 230.000 km mit einer Bevölkerung von 54,4 Millionen Einwohnern [9]. Regionalisiert [10] ergibt sich folgende Bevölkerungsverteilung:

East Anglia	1.827.400
East Midlands	3.746.900
Northern	3.116.000
North-West	6.518.600
South-East	16.833.500
South-West	4.278.700
West Midlands	5.154.300
Yorkshire/Humberside	4.875.900
Wales	2.768.000
Scotland	5.196.000
Great Britain Total	54.315.300

Dem hohen Anteil an land- (75 %) und forstwirtschaftlicher (8 %) Bodennutzung steht eine Bevölkerungsverteilung gegenüber, bei der sich über ein Drittel der Bevölkerung in den Verdichtungsräumen konzentriert.

Die Übersicht über die Einwohnerzahlen von Greater London und den im Rahmen der kommunalen Neuordnung 1972 gebildeten Metropolitancounties zeigt dies:

Einwohner:

Greater London Council	7,3 Mill.
Greater Manchester (Manchester)	2,7 Mill.
Merseysid (Liverpool)	1,7 Mill.
South Yorkshire (u.a. Sheffield)	1,3 Mill.
Tyhe and Wear (u.a. Newcastle)	1,2 Mill.
West Midlands (Birmingham)	2,8 Mill.
West Yorkshire (Bradford/Leeds)	2,0 Mill.

Die Metropolitancounties sind politische Gebilde. Namentlich im mittelenglischen Raum divergieren die Grenzen mit den tatsächlichen Verflechtungsbeziehungen. Den Conurbationen liegen dagegen statistische Abgrenzungskriterien zu Grunde [11].

Es ist eine erhebliche Bevölkerungsmobilität zu beobachten. Zwischen 1966 – 71 sind 4,3 % der Bevölkerung zwischen England, Schottland und Wales bzw. innerhalb Englands zwischen den Standardregionen umgezogen.

Bei den großen Städten ist tendenziell eine Abnahme der Bevölkerung aus den inneren Stadtbezirken und eine Abwanderung in suburbane Gebiete zu beobachten, wobei durch die Green Belt Politik eine räumliche Begrenzung erfolgt. Bezogen auf die Gesamtbevölkerung gehören rd. 50 % der Arbeitsbevölkerung an, wobei nach dem vorliegenden Material die Angabe des Anteils der Beschäftigung in den einzelnen Sektoren Schwierigkeiten bereitet. Gering ist der Anteil der in der Landwirtschaft Beschäftigten mit 3 % der Arbeitsbevölkerung [12].

Auch wenn man London wegen seiner Sonderstellung für Großbritannien außer Betracht läßt, so weisen die übrigen Conurbationen sehr unterschiedliche Strukturen auf. Allenfalls bezüglich der Siedlungsstruktur lassen sich gewisse Ähnlichkeiten feststellen. So handelt es sich durchweg um – bis auf West Yorkshire – um monozen-

---

[8] Großbritannien umfaßt England, Schottland und Wales. Unter der Bezeichnung United Kingdom werden dagegen England und Nordirland zusammengefaßt (ohne Isle of Man und Kanalinseln). Bei statistischen Angaben ist jeweils die Bezugsbasis genau zu beachten.

[9] Eine gute und aktuelle Übersicht über Grunddaten gibt das jährlich erscheinende offizielle Handbuch, herausgegeben von Her Majesty's Stationary Office (HMSO), Britain 19... (jeweils die Jahreszahl, hier verwandt: 1979), zit. als Handbuch im folgenden, hier insbesondere S. 1, 7, 11, Bevölkerungszahlen auf der Basis einer Schätzung für Mitte 1977.

[10] Die ökonomischen Planungsregionen fallen mit den für statistische Zwecke gebildeten Standardregionen zusammen. Vgl. Abs. 1

[11] So unterscheidet die Statistik außerhalb Londons 5 Conurbationen, während bei der Kommunalreform 1972 6 Metropolitancounties gebildet worden waren.

[12] Vgl. zu den vorangehenden Ausführungen das Handbuch (Fn. 8), S. 10, ferner Handbuch 1977, S. 12 ff.

trale Agglomerationen mit einem deutlich abgrenzbaren Zentrum, demgegenüber frühere Nebenzentren heute völlig zurückgetreten sind. An den eigentlichen Geschäftskern schließt sich regelmäßig ein Ring mit sehr dichter Bebauung an, der vielfach eine stark sanierungsbedürftige Bausubstanz aufweist, unter Umständen noch durchsetzt mit älterer Industrie. Umfangreiche Sanierungsprojekte haben hier allerdings in den vergangenen Jahren teilweise Änderungen gebracht. Als ein wesentliches Problem stellt sich für die großen englischen Conurbationen die erhebliche Überalterung und Sanierungsbedürftigkeit des Wohnungsbestandes dar, der zu einem erheblichen Teil noch aus der Zeit vor dem Ersten Weltkrieg stammt. Sanierung und Stadterneuerung haben deshalb bereits früher als in Deutschland einen erheblichen politischen Stellenwert erhalten. Mit der Überalterung des Wohnungsbestandes geht vielfach einher die Überalterung der örtlichen Infrastruktur.

Nimmt man als Maßstab für die soziale Zusammensetzung der Bevölkerung das kommunale pro-Kopf-Steueraufkommen (Domestic Ratable Value), so liegen die Werte für die großen Conurbationen – von London einmal abgesehen – mehr oder weniger deutlich unter dem Landesdurchschnitt. Das indiziert, daß gerade hier die einkommensschwachen Bevölkerungsschichten wohnen. Die zunehmende Zahl von Einpendlern wirft in den Agglomerationen erhebliche Verkehrsprobleme auf, die durch umfangreiche Straßenbauprojekte sowie den Ausbau des öffentlichen Personennahverkehrs, insbesondere über einen Transportverbund der einzelnen öffentlichen Verkehrsträger, angegangen werden. Die Bevölkerungsentwicklung in den Conurbationen ist seit Anfang der 50er Jahre rückläufig bis stagnierend. Das gilt auch, und insbesondere für den Raum Greater London, für den sich im Vergleich zu 1939 ein Bevölkerungsverlust von 2 Mill. Einwohnern ergab. Daraus resultiert etwa für London ein deutlicher Rückgang an kommunalen Steuereinnahmen (EVERSLEY).

Erhebliche Schwierigkeiten bereitet die Eingliederung der seit 1950 verstärkt aus dem Commonwealth nach Großbritannien kommenden Einwanderer, die teilweise erheblich mit Sprachschwierigkeiten, Arbeitslosigkeit und schlechten Wohnverhältnissen zu kämpfen haben.

c) Sektoral orientierte Zielkomplexe an Stelle eines integrativen Zielsystems

Vom Gedanken einer Zusammenführung der verschiedenen Zielkomplexe durch ein integratives Zielsystem, etwa der Raumordnung, läßt sich zur Erfassung der englischen Situation nur begrenzt Aufschluß erzielen. Auch in Deutschland wird vertreten, die Durchsetzungskraft der Raumordnung durch eine Anlehnung an eine starke Ressortplanung, etwa die Verkehrsplanung, zu erhöhen. Die Vorstellung, Raumordnung (auch unter Einbeziehung überfachlicher sozio-kultureller und ökonomischer Gesichtspunkte) im Zusammenhang mit einer Fachplanung zu betreiben, kommt nun dem englischen Planungsverständnis durchaus nahe, wenngleich sich seit einigen Jahren aus planungsmethodischen Überlegungen heraus und unter dem Eindruck der kontinentaleuropäischen Entwicklung (Planifikation, Bundesraumordnungsprogramm) sich die Stimmen mehren, die eine stärkere Integration der verschiedenen Ressortplanungen auf nationaler Ebene fordern [13].

Die politische Reaktion darauf ist allerdings bislang gering geblieben; u. U. wirkt hier noch nach, daß ein 1964 ausgearbeiteter und als Integrationspapier gedachter nationaler Plan seinerzeit keine politische Relevanz entfalten konnte.

Die Anlagerung der Raumordnungsaufgabe an Fachaufgaben wird besonders deutlich, wenn man sich den Kompetenzbestand des DOE vergegenwärtigt, der, ohne die Aufgaben hier abschließend aufzählen zu wollen, vom Kommunalwesen einschließlich Kommunalverfassung und Kommunalfinanzen, Stadtentwicklung, Stadterneuerung über den Wohnungsbau bis zum Umweltschutz reicht, wobei der politischen Spitze von der Bestimmung der allgemeinen politischen Linie über die Regionalplanungskompetenz bis zur Einflußmöglichkeit auf Stadtplanung und Baugenehmigungspraxis Planungsmöglichkeiten geöffnet sind. Insofern wird nicht selten Planung allgemein als Aufgabe des DOE [14] angesehen, jedoch ist diese Kompetenz eben nicht mit der deutschen Raumordnungsaufgabe ohne weiteres zu vergleichen.

Allgemeinpolitische Aussagen, etwa zu Erfordernissen des Disparitätenausgleichs oder des Umweltschutzes, sind raumordnungspolitisch erst dann in ihrer Relevanz abzuschätzen, wenn sie ressortmäßig detailliert sind. Da sich die Ressortverteilung verhältnismäßig oft ändert, scheint es zweckmäßig, für die Analyse an die oben unter I aufgeführten Gesetzesmaterien und deren Vollzug anzuknüpfen, um daraus Rückschlüsse auf raumordnungsrelevante ressortpolitische Zielsetzungen [15] zu ziehen.

---

[13] Vgl. *Burns*, National and Regional Planning Policies, in: Lounal of the Town Planning Institute 1971, S. 308 ff., ferner *Dunham*, Regionalization of National Policies, Seminardokumentation des Institute of Social Studies, Den Haag, o.J. (ca. 1974). In gewissem Umfang wird eine Koordination unter finanzmäßigen Gesichtspunkten durchgeführt; vgl. *David*, Rechtsgrundlagen Regionalpolitik (Fn. 1), S. 86 ff.

[14] Die interne Ministerialorganisation des DOE hat sich in den letzten Jahren geändert. Derzeit steht nur noch ein Minister (Minister for Housing Construction) im Kabinettsrang unterhalb der politischen Spitze des DOE; außerdem gibt es noch einen Staatsminister sowie 4 Parlamentarische Unterstaatssekretäre.

[15] In der vom BMBau herausgegebenen Schrift: Raumordnung in den Mitgliedsstaaten der EG, in Österreich und in der Schweiz – 06.014, 1977, erarbeitet von Systemplan, Darmstadt, ist der Versuch zur Erfassung des raumordnerischen Zielsystems auch in Großbritannien unternommen worden. Die dabei als nationales Konzept herausgestellte New Towns Politik ist allerdings ebenfalls ressortorientiert und nimmt keineswegs eine Sonderstellung ein, die sie etwa von der Industrieförderungs- oder Arbeitsbeschaffungspolitik unterscheiden würde.

1. Bereich Städtebau, Stadterweiterung, Kommunalwesen

Insoweit wird auf die Ausführungen unten zu IV. b) verwiesen.

2. Bereich Industrieansiedlung, Arbeitsbeschaffung

Die Förderungsinstrumentarien nach dem Industry Act 1972 (Investitionshilfen, Steuervergünstigungen und ähnliche weitere Instrumente zur regionalen Wirtschaftsförderung) stellen ein wesentliches Komplement zu der vom DOE betriebenen Regionalpolitik dar. Ein weiteres Gewicht liegt auf beschäftigungspolitischen Maßnahmen, die von Umschulung bis zur regionalen Beschäftigungsprämie reichen. Über das Erfordernis einer Genehmigung für Industrieansiedlungen (Industrial Development Certificate = IDC) soll eine bessere Verteilung und darüber hinaus eine weitere Konzentration von Industrien in den bereits überlasteten Agglomerationen verhindert werden.

Für die Gewährung der genannten Regionalhilfen wird an ein dreistufiges System von Förderungsgebieten [16]) angeknüpft, deren Abgrenzung jedoch mit den genannten Standardregionen nicht identisch ist.

Unterschieden wird zwischen

— besonderen Entwicklungsgebieten (Special Development Areas) mit besonders dringlichen Problemen,
— Entwicklungsgebieten (Development Areas) mit weniger dringlichen Problemen,
— sog. Intermediate Areas, also dazwischenliegende Gebiete (gemeint ist räumlich und sachlich in bezug auf Entwicklungsstand und -möglichkeiten).

Die Ausweisung dieser Förderungsgebiete, die allerdings mehr als zwei Drittel des Landes umfassen, hat durch den Beitritt Großbritanniens zur Europäischen Gemeinschaft auch für die europäische Regionalpolitik und daran anknüpfende Regionalfondshilfen Bedeutung erlangt.

Die Abgrenzung dieser Förderungsgebiete war ursprünglich in erster Linie an Notstandskriterien orientiert, die dann aber in der Folgezeit durch eine differenzierende Abgrenzung an Hand von 10 Lokal- und Regionalfaktoren abgelöst worden ist. Dabei spielt zunehmend auch das Wachstums- und Entwicklungspotential für die Abgrenzung des Fördergebietes eine Rolle. Jedoch können die „Intermediate Areas" nicht ohne weiteres mit Wachstumszonen gleichgesetzt werden [17]).

Zusätzliche, insbesondere mittelstandsorientierte Fördermaßnahmen sind zur Entwicklung der ländlichen Gebiete vorgesehen [18]).

3. Bereich ländliche Gebiete, Erhaltung der natürlichen Umwelt, Ressourcenschutz

Die Konzentration von Kompetenzen auf dem Gebiet des Umweltschutzes [19]) beim DOE findet keine Entsprechung in einer konsolidierten Gesetzgebung für diesen Bereich. Immerhin ist aber in s. 37 des Countryside Act 1968 in Verbindung s. 48 Abs. 1 lit. c, d und Abs. 2 in Verbindung mit Sch. 10 Town and Country Planning Act 1971 dem Umweltschutz als übergreifendem Gesichtspunkt eine erhebliche Bedeutung zugewiesen worden insofern, als jeder Minister verpflichtet ist, sich für den Umweltschutz einzusetzen.

IV. Zum Planungsinstrumentarium

a) Zum regionalplanerischen Planungsinstrumentarium

Die nachfolgenden Ausführungen beschränken sich auf das regionalplanerische Instrumentarium [20]) im Kompetenzbereich des DOE, da hier der substantielle Ansatzpunkt für die Regionalplanung in England liegt.

Zum Planungsinstrumentarium i.e.S. gehört nach englischem Planungsverständnis nur die im Town and Country Planning Act 1972 näher geregelte Aufstellung der Development Plans (Structure and Local Plans), die nach deutschem Planungsverständnis einen städtebaulich subregionalen Charakter aufweisen, denn allein für diese besteht ein gesetzlich geregeltes Verfahren für ihre Aufstellung.

Das DOE besitzt zwar eine Kompetenz für die Regionalplanung [21]), es gibt aber keine gesetzliche Regelung vergleichbar etwa den deutschen Landesplanungsgesetzen, die etwa verfahrensmäßig oder gar inhaltlich die Aufstellung von Regionalplänen bestimmt oder gar eine Planungspflicht statuiert. Regionalplanung ist nach englischem Planungsverständnis eine Aufgabe der Zentralregierung, nicht Selbstverwaltungsaufgabe der betreffenden Region.

Die oben (II. 2.) erwähnten Regionalwirtschaftsplanungsräte haben insofern auch nur beratende, beiratsähnliche Funktionen, während die eigentliche Raumkompetenz in der Hand des DOE bleibt. Eine gewisse Rolle für die Erarbeitung regionaler Planungskonzepte haben darüber hinaus aus Vertretern der betroffenen Ministerien, des

---

[16]) Das System der Fördergebiete befindet sich nach vorliegenden Informationen derzeit in Revision.

[17]) Vgl. *David*, Rechtsgrundlagen Regionalpolitik (Fn. 1), S. 68 ff.

[18]) Vgl. HMSO, Regional Development in Britain, Reference Pamphlet 80, 2. Aufl., 1974, S. 21 f.

[19]) Zusammenfassend zum Umweltschutzrecht, vgl. *Bigham*, The Law and Administration relating to Protection of the Environment, Oyez Publishing, 1973.

[20]) Vgl. dazu ausführlich *David*, Rechtsgrundlagen Regionalpolitik (Fn. 1), S. 78 ff. In s. 7 (4) (a) TCPA 1971 wird allerdings auch rechtlich eine Beziehung zwischen der Aufstellung der Development Plans und den regionalen Zielsetzungen hergestellt.

[21]) In dem Handbuch 1979, S. 45 heißt es neuerlich sogar noch weitergehend, daß das DOE für regionale Angelegenheiten verantwortlich sei.

Local Government der betroffenen Regionen und sonstiger regionaler Institutionen zusammengesetzte Planungsteams mit begrenzten Beratungsaufgaben erhalten. Die Regionalwirtschaftsplanungsbehörden sind dagegen behördliche Koordinationsstellen, in denen die Regionalrepräsentanten der verschiedenen Ministerien sitzen.

Eine Bedeutungsminderung erfahren die regionalen Planungsinstitutionen neuerlich dadurch, daß das DOE regionalpolitische Entwicklungen unmittelbar durch Sach- und Investitionsentscheidungen, etwa im Wohnungsbau oder im Bereich regionaler Wirtschaftsförderung, zu beeinflussen versucht, ohne an eine Regionalplanung i.e.S. anzuknüpfen. Dabei wird durch die ministerielle Vorgabe von Ausstattungsstandarden zunehmend ein Steuerungseffekt gegenüber den Kommunen erzielt. Rein formal treten die regionalplanerischen Vorstellungen des Ministeriums des weiteren nach außen zutage einmal im Erlaß entsprechender Verordnungen (sog. Statutory Instruments) sowie ferner im Rahmen der Genehmigung der auf kommunaler Ebene aufgestellten Structure Plans, die ihrerseits wiederum maßgebend für den Inhalt der sie detaillierenden Local Plans sind. Die Konsistenz der kommunalen Planung (Development Plans) mit den regionalplanerischen Zielvorstellungen der Regierung wird insbesondere über eine stringent durch die Regierung von London aus gehandhabte Genehmigungspraxis sichergestellt. Eine rein rechtsnormenmäßige Bindung vergleichbar § 1 Abs. 4 BBauG würde schon deshalb nicht ausreichen, weil das DOE seine regionalplanerischen Vorstellungen durchweg nicht in rechtlich verbindlichen Regionalplänen ausformuliert und publiziert.

b) Zum Instrument der Development Plans

Die in TCPA 1972 geregelte Entwicklungsplanung (Development Plans) weist im Vergleich zum deutschen Planungssystem Züge einer städtebaulichen Planung mit Elementen einer subregionalen Planung auf — jedenfalls für die in den Agglomerationsräumen gebildeten Conurbationen. Von einer eingehenden Darstellung des städtebaulichen Planungssystems kann im Rahmen dieser raumordnungsrechtlichen Darstellung Abstand genommen werden [22].

Eine Parallele zu Flächennutzungs- und Bebauungsplan ist nur in engen Grenzen angebracht [23]. Der Structure Plan hat nämlich weniger Plan- als vielmehr Programmcharakter. In ihm sollen die Planungsvorstellungen lediglich verbal ausformuliert werden, allenfalls näher erläutert durch geeignete Übersichten oder Anschauungsmaterial, aber nicht kartenmäßig, wie sie im BBauG vorausgesetzt wird, soll der Structure Plan gerade Gegenstand öffentlicher Erörterung sein. Durch den Verzicht auf kartenmäßige Darstellungen soll die Diskussion auf die Grundkonzeption der Planung konzentriert und von der punktuellen Einzelbetroffenheit abgelenkt werden.

Die Local Plans mit Differenzierungsmöglichkeiten hinsichtlich der Detaillierung und der Zweckbestimmung (District Plan, Action Area Plan, Subject Plan) sind ihrem Charakter nach städtebauliche Pläne mit mehr oder weniger stark ausgeprägtem Durchführungsbezug und können von einer bebauungsplanähnlichen Bestimmtheit bis hin zu kleinräumiger Projektplanung gehen.

Die mit dem Planungssystem intendierte Aufteilung in strategische und lokale Planung findet eine gewisse Entsprechung in der Zweistufigkeit der Kommunalorganisation, wobei — vereinfacht — der höheren Countyebene die Kompetenz für die Erstellung der Structure Plans und der Districtebene innerhalb des damit vorgegebenen Rahmens die Erstellung der Local Plans zugewiesen ist.

In der Praxis bereitet diese Zweiteilung des Planungssystems erhebliche Schwierigkeiten, weil mit den der Countyebene zugewiesenen, begrenzten Planungskompetenzen ein tragfähiger innerkommunaler Interessenausgleich vielfach nur schwer hergestellt werden kann und überdies die Districtebene mit den ihr zustehenden Kompetenzen für die Aufstellung der Local Plans sowie ferner über die Genehmigung einzelner Entwicklungsvorhaben [24] die Countyplanung unterlaufen kann. Zu weiteren Interessenkonflikten wird es kommen, wenn die im Community Land Act von 1975 [25] vorgesehene Monopolisierung der Verteilung von Bau- und Gewerbeflächen bei den Kommunen, die einen vorgängigen Erwerb der Flächen durch die Gemeinden auf dem Markt oder im Enteignungswege voraussetzt, nach einer Übergangszeit in vollem Umfang realisiert ist. Die damit auf die Kommunen, insbesondere in Zeiten wirtschaftlicher Stagnation, zukommende Kapitalbindung wird diese in ihrer Stadtplanung nachhaltig beeinflussen und Interessenkonflikte zwischen Planungsinteressen und Vermögensinteressen unausweichlich machen.

Es fehlt, soweit ersichtlich, an einem Instrumentarium zur Sicherstellung einer interkommunalen Planungsabstimmung. Der Gebietszuschnitt der Counties, namentlich in den Agglomerationen, trägt vielfach den bestehenden Verflechtungsbeziehungen zwischen Stadt und Umland nur unzureichend Rechnung. Insofern kann der Countyplanung auch nur subregionaler Charakter zuerkannt werden.

---

[22] Vgl. dazu ausführlich *David*, Rechtsgrundlagen Städtebau (Fn. 1) unter rechtsvergleichendem Aspekt ferner *Marchant*, An Introduction to Planning in England, Institut ORL an der ETH Zürich, Studienunterlagen Nr. 12, ferner neuerlich *Breuer*, Verfassungsstruktur und Raumordnung. In: Verwaltungsarchiv 1978, S. 1 ff.

[23] Auch der Vergleich zur Kreisentwicklungsplanung ist nur sehr bedingt angebracht, wie ihn etwa *Wullkopf-Williams*, Neuere Entwicklungen in der britischen Raumplanung, in: Informationen zur Raumentwicklung 1979, 235 (237), verbal ziehen.

[24] Vgl. zur Praxis der Planungsüberwachung den sog. Dobry Report Review of the Development Controlsystem, Final Report, *George Dobry*, QC 1975, HMSO.

[25] Vgl. *White*, The Community Land Act, The Planner 1976, S. 5 f., *Oakes*, Implementing the Community Land Scheme, The Planner 1976, S. 6 ff.. Allerdings ist die Durchführung des Gesetzes unter der Konservativen Regierung deutlich verlangsamt worden.

Die Regionalpolitik der UdSSR

von

Hans-Erich Gramatzki, Berlin

INHALT

I. Einleitung

II. Rahmenbedingungen der sowjetischen Regionalpolitik

III. Organisation, rechtliche Grundlagen

IV. Ziele

V. Instrumente

VI. Raumforschung

VII. Zusammenfassung

I. Einleitung

Die Regionalpolitik der UdSSR hat erhebliche Defizite in der rechtlichen Normierung, der institutionell-organisatorischen Ausgestaltung, der Ziel- und Strategiebildung und der Entwicklung von Instrumenten. Darüber hinaus ist — marktwirtschaftlichen Systemen vergleichbar — die Kluft zwischen der normativen Fixierung (Gesetze, Parteiprogramm, Staatsverfassung, ideologische Basisdokumente, Postulate von Politikern und Wissenschaftlern u.a.m.) und der Realität der Regionalpolitik und Regionalplanung beträchtlich [1]. Die Regionalpolitik hat eine bestimmte Geschlossenheit der regionalen Wirtschaftspolitik und Wirtschaftsplanung zur Voraussetzung. Diese ist in der UdSSR heute aber noch keineswegs vorhanden. Entgegen der ideologischen These von der Einheit der Wirtschafts- und Sozialpolitik ist auch die Rolle der Sozialpolitik in den Volkswirtschaftsplänen lange Zeit sekundär gewesen; entsprechend kamen auch in der Regionalpolitik soziale Belange zu kurz. Erst der Volkswirtschaftsplan 1976 — 80 erhielt die Bezeichnung eines „Staatlichen Plans zur ökonomischen und sozialen Entwicklung", und regionale Sozialplanungen gibt es erst seit ca. 10 Jahren. Inhaltlich hat sich aber bei den Volkswirtschaftsplänen kaum etwas geändert, und bei vielen Regionalentwicklungen gibt es immer noch beträchtliche Defizite der Versorgungseinrichtungen (Handel, Gaststätten) und der sozial-kulturellen Infrastruktur, seien diese durch die Planung, seien sie durch eine verzögerte bzw. schlecht koordinierte Planrealisierung verursacht. Seit der Infrastruktur-Faktor in Wissenschaft, Politik und Planung an Bedeutung gewonnen hat, wird jedoch zunehmend eine simultane Entwicklung von Produktionsanlagen und Infrastruktur oder gar ein „infrastruktureller Vorlauf" gefordert. Eine Verbesserung vollzieht sich hier nur ganz allmählich.

Die regionalpolitische Terminologie [2] der UdSSR hat im wesentlichen zwei Zentralbegriffe: „territorial'noe planirovanie" (Territorialplanung), und „rajonnaja planirovka" (Rayon-Planung). Ersterer entspricht in etwa unserem Begriff der Raumplanung, ist zum anderen aber auch Gegenbegriff zur sowjetischen Sektoralplanung und insofern stark ökonomisch ausgerichtet. Der Begriff entspricht im zweiten Fall eher unserer Regionalen Wirtschaftspolitik. Die sowjetische rajonnaja planirovka meint entweder stärker „physische Planung" oder die umfassende Planung wirtschaftlicher, sozialer, kultureller und landschaftlich-ökonomischer Faktoren kleinerer Räume. Den Planungsrahmen für die rajonnaja planirovka liefert jedoch die primär ökonomisch ausgerichtete Territorialplanung, die nach wie vor im Gesamtsystem der Volkswirtschaftsplanung noch nicht gleichberechtigt neben der Sektoralplanung (Zweigplanung) steht. Hauptproblem der sowjetischen Regionalpolitik ist das der schlechten Koordination zwischen Sektoral- und Territorialplanung [3].

II. Rahmenbedingungen der sowjetischen Regionalpolitik

Die Regionalpolitik der UdSSR wird bestimmt durch die Existenz einer wirtschaftlichen Zentralplanung, die extreme Größe des Landes (Integrationsproblem) und klimatische Ungunsträume (Besiedlungsproblem, technische Probleme, Kostenprobleme), extrem unterschiedliche demographische Strukturen bei einer ethnischen Vielfalt und insbesondere durch eine regional völlig unterschiedlichen Verteilung der Bevölkerung (Großteil im Westen) und der mineralischen Rohstoffe und Brennstoffe (Großteil im Osten).

Regionalökonomisch entsteht eine Doppelaufgabe dadurch, daß einerseits die Steuerung der regionalen Elemente der Gesamtplanung und vieler Teilplanungen und andererseits die im engeren Sinne regionalpolitische Aufgabe durchgeführt werden muß. Die direktivische Gesamtplanung muß die Verteilung der Ressourcen auch regional vornehmen, wobei es bislang aber noch beträchtliche planungstechnische Schwierigkeiten gibt (Umsetzung des zentralen Planwillens über regionale und/oder regionalisierte Indikatoren bzw. Kennziffern).

---

[1] Vgl. Regional Development in the USSR. Trends and Prospects. NATO, Economics Directorate, Newtonville, Mass. 1979. N.N. *Nekrasov*, Territorialökonomie (Übers. aus d. Russischen), Berlin-Ost 1979. *H.E. Gramatzki*, Räumliche Aspekte der sowjetischen Wirtschaftsplanung, Berlin (West) 1974 und The Soviet Economy in Regional Perspective, *V.N. Bandera, Z.L. Melnyk* (Eds.), New York 1973.

[2] Vgl. *V.F. Pavlenko*, Territorial'noe planirovanie v SSSR, Moskau 1975 und *H.-E. Gramatzki*, a.a.O., S. 26 ff.

[3] Das ist schon lange ein Dauerthema in der wissenschaftlichen Literatur, der Tagespresse, in Verlautbarungen von Politikern und Planern.

Bei der „Regionalisierung" volkswirtschaftlicher Teilplanungen sind die Geldplanung (regionaler Ausgleich von Angebot und Nachfrage), die Preisplanung (Bewältigung extrem hoher regionaler Kostenunterschiede), die Lohnplanung (regionale Einkommensdifferenzierung zwecks Induzierung von Wanderungsbewegungen oder zur Stabilisierung regionaler Arbeitsmärkte) und insbesondere die Investitionsplanung (Koordination von „produktiven" und Infrastruktur-Investitionen, von unterschiedlichen Infrastrukturinvestitionen etc.) von zentraler Bedeutung. Eine eminent wichtige Teilplanung — gerade unter regionalen Aspekten — ist in der UdSSR auch die Planung des wissenschaftlich-technischen Fortschritts, bei der die regionalpolitisch schädliche übermäßige Zentralisierung seit Jahren kritisiert wird, ohne daß bislang ausreichende Änderungen eingetreten sind. So wurden in der Vergangenheit (volkswirtschaftlich verlustreiche) Entscheidungen vom „Zentrum" getroffen, wo durch Entscheidungen „vor Ort" die Technik sowie deren Weiterentwicklungen besser an die naturgeographisch-klimatischen Erfordernisse der jeweiligen Region hätten angepaßt werden können. Die regionale Dezentralisierung der Forschung — wie sie in der UdSSR ja durchaus stattfindet — ist nur die notwendige, aber nicht hinreichende Bedingung für eine stärkere Berücksichtigung regionalen Wissens bei Entscheidungen. Notwendig ist die Stärkung der regionalen Planungs- und Verwaltungsorgane.

III. Organisation, rechtliche Grundlagen

Regionale Entscheidungsträger stellen neben dem sektoralen die zweite intermediäre Instanz in der UdSSR dar, um zentralen Planwillen in konkrete Pläne umzusetzen und die Planrealisierung zu garantieren. Daneben sollen sie regionaler Koordinator sektoraler Planungen sein. Zwar stellt die regionale bzw. regionalpolitische Koordination von Fachplanungen auch in Marktwirtschaften bislang ein nicht annähernd gelöstes Problem dar, aber in der UdSSR ist diese Koordination noch viel schwieriger, da es in der Industrie und der Bauwirtschaft eine Vielzahl von Verwaltungsträgern gibt (die verwaltungsmäßige Arbeitsteilung geht auch noch viel weiter als in anderen osteuropäischen Staaten). Es gibt auf der einen Seite eine extrem starke horizontale Arbeitsteilung in der Industrie- und Bau-Verwaltung (Industrie- und Bau-Ministerien), auf der anderen eine unterschiedliche Unterstellung der Unternehmen unter die Verwaltungsorgane (Unionsministerien, Republikministerien, regionale und lokale Organe). Beides macht die regionalpolitische Koordinationsaufgabe immens schwer. Die Dominanz des Sektoralprinzips der Wirtschaftsplanung und Wirtschaftsverwaltung ist für die Unvollkommenheit der sowjetischen Territorial- und Regionalplanung mindestens ebenso entscheidend wie der hohe Zentralisierungsgrad der sowjetischen Volkswirtschaftsplanung und ihr nach wie vor primär direktivischer Charakter.

Das Entscheidungszentrum der sowjetischen Regionalpolitik wird dargestellt durch das Politbüro der KPdSU, den Ministerrat der UdSSR und das Staatliche Plankomitee der UdSSR (Gosplan SSSR). Planungsarbeit, welche die Willensbildung des „Zentrums" beeinflußt, kommt auch noch aus dem Sekretariat des ZK der KPdSU.

Hier existiert eine Vielzahl von informellen Beziehungen, die eine eindeutige Zuordnung der Planungsträger zu den politischen Exekutiven von Partei und Staat gar nicht zulassen. Der ganze regionalpolitische Entscheidungsprozeß im Zentrum ist wenig transparent. Nicht nur große Interessengruppen (so das Militär) können Entscheidungen mit regionalpolitischen Implikationen beeinflussen, sondern auch regionale Einflüsse werden im Zentrum dadurch wirksam, daß regionale Präferenzen bei den „Oligarchen" im Politbüro vorhanden sind (regionale Herkunft der Parteisekretäre, regionale Basis der Hausmacht) und regionale „Lobbies" im Zentrum unterschiedlich stark sein können. Subjektive Faktoren sind um so stärker wirksam, je schwächer die regionaltheoretische Entscheidungsbasis und die Datenlage sind.

Eine größere regionalpolitische Autonomie der Republiken bzw. Nationalitäten existiert nicht in der UdSSR, schon gar nicht in ökonomischen Dingen. Dominierend in der UdSSR ist in Partei, Staat und Wirtschaft das Prinzip des demokratischen Zentralismus, aus dem weitgehend eine Politik „de la région pour la nation" (Byé) folgt. Die Territorialeinheiten unterhalb der Union und den 15 Unionsrepubliken (18 Makroregionen, ca. 150 Regionen der mittleren Ebene [4]) und ca. 3000 Regionen der unteren Ebene (Rayons)) haben nur begrenzte Planungskompetenzen, vergleichsweise kleine Planungsapparate, sind fiskalisch stark abhängig vom jeweils übergeordneten Budget (die UdSSR hat einen einheitlichen Staatshaushalt), haben weder nennenswerte Sanktionsmacht gegenüber ihnen nicht unterstellten Ministerien noch genug Finanzmittel, um ihre regionalpolitischen Vorstellungen und ihre regionalpolitische Koordinationsaufgabe administrativ und/oder ökonomisch (über Anreize) realisieren zu können. Obwohl die „Örtlichen Organe" (sowjetische Bezeichnung für alle Organe unterhalb der Republiksebene) in den letzten Jahren eine stärkere Rechtsposition bekamen [5], kommt es in der Realität noch häufig vor, daß Regionalplanungen daran scheitern bzw. dadurch lückenhaft sind, daß sektorale Organe Informationen nicht, nicht vollständig oder nicht zur rechten Zeit an die Regionalorgane (die regionalen Planungskommissionen) weiterleiten. Häufig können dann nur „Ex-post-Koordinationen" vorgenommen werden, d.h. sektoral bereits bestätigte Pläne müssen noch so gut wie möglich „harmonisiert" werden. Eine besondere Schwäche des sowjetischen Systems liegt darin, daß ein großer Teil der Investitionsmittel für die technische und auch die sozialkulturelle Infrastruktur in den Händen der Ministerien liegt. Das schafft Infrastrukturlücken durch nicht gut koordinierte Investitionsplanungen (Partialinteressen der Ministerien) und nimmt den regionalen Entscheidungsträgern die Möglichkeit,

---

[4] Bei den vom ökonomischen Potential her mittleren Regionen gibt es eine große Typenvielfalt, ethnisch abgegrenzte und rein administrative Regionen (Oblasts). Die 110 Oblasts bestimmen aber das Bild.

[5] Siehe *I.A. Asowkin*, Die örtlichen Sowjets, Berlin (Ost) 1974, (Übers. aus d. Russ.).

die regionalpolitische Koordinationsaufgabe auch durch den Einsatz von Infrastrukturinvestitionen, d.h. durch Anreizmittel, zu verbessern.

Im regionalpolitischen Bereich bestehen Koordinationsschwierigkeiten aber nicht nur in der sektoral-regionalen Koordination, sondern auch in der Koordination zwischen regionalpolitischen Entscheidungsträgern verschiedener Ebenen und denen der gleichen Ebene. Es existiert eine Hierarchie Union – Unionsrepublik – Bezirk (Oblast) – Kreis (Rajon), aber eben keine hierarchische Raumplanung. Die Gründe für dieses Defizit sind folgende: Einerseits ist die zentrale Planung sowjetischen Typs als Detailplanung schon jetzt überfordert (eine Detaillierung in regionaler Richtung wäre also kaum denkbar, wenn die Grundstruktur der Planung nicht geändert würde), andererseits fehlen auch weitgehend die Voraussetzungen der imperativen Detailplanung, da die Arbeitskräfteressourcen regional primär nur indirekt (über Anreize) zu steuern sind [6]). Selbst die imperative Planung hat nicht vermocht, daß die Investitionen regional von den Ministerien entsprechend der „von oben" fixierten Ziele verteilt werden. Die Industrieministerien besitzen bei der Plankonkretisierung bzw. Planrealisierung einen standortpolitischen Spielraum wegen der Grenzen der Plandetaillierung, fehlender oder nicht ausreichender Sanktionen u.a.m. Es ergibt sich die paradoxe Situation, daß z.B. Zwangsmittel im Investitionsbereich in der italienischen Staatswirtschaft (Anteil der Staatsinvestitionen in Mezzogiorno) besser greifen als in der „Planwirtschaft" UdSSR.

Probleme der horizontalen Koordination zwischen Regionen der gleichen Ebene entstehen in der UdSSR dadurch, daß die Informations- und Befehlswege im Regelfall in der Vertikalen verlaufen und benachbarte Regionen entweder kaum Kompetenzen zur Kooperation haben oder nicht sonderlich daran interessiert sind. Die unzureichende horizontale Koordination wird besonders dann problematisch, wenn in einer stark wachsenden Wirtschaft administrative Grenzen zu Wachstumsbarrieren werden. So sind zwar in der UdSSR in der Vergangenheit administrative Grenzen sicherlich leichter geändert worden als in Marktwirtschaften (Nationalitäten wurden allerdings nicht getrennt), aber administrative Grenzen haben natürlich auch in der UdSSR ein beträchtliches Beharrungsvermögen und sind wegen der Defizite bei der horizontalen Koordination dann ein noch größeres Hindernis für eine rationale Regionalpolitik, als dies in Marktwirtschaften der Fall ist. Regionale Planungsgemeinschaften sind vorerst für die UdSSR nicht recht vorstellbar.

Eine größere Flexibilität der horizontalen Koordination zwischen administrativen Ebenen ist vor allem auch erforderlich, wenn die Wachstumspole sowjetischen Typs, die Territorialen Produktions-Komplexe (TPK) ihre Vorteile voll entfalten sollen (zu den TPK siehe unten). „Komplexe Planungen" als neues Instrument zur besseren Integration von Zweig- und Territorialplanungen (vgl. Abschnitt Instrumente) sind die zwar notwendige, aber nicht hinreichende Voraussetzung zur Verbesserung der sowjetischen Regionalpolitik. Planungstechnische Reformen müssen von rechtlichen Normierungen, Änderungen in der Aufgaben- und Ausgaben-Struktur, einer personellen Verstärkung der regionalen Exekutiven und Planungsorgane u.a.m. begleitet werden. Die Verordnung über die Ministerien der UdSSR bedarf hinsichtlich der Beziehungen Ministerium – Region einer Neukonzipierung, und die Ordnung des Staatlichen Plankomitees müßte konkretisiert werden, da in ihr zu vieles nur leerformelhaft beschrieben wird. Wenn in einem Bezirk nahezu zwei Dutzend Bauorganisationen verschiedener Ministerien tätig sind, dann ist die Realisierung „komplexer" regionaler Pläne schwer möglich. Hier hilft nur eine radikale Reorganisation.

Bezüglich der gesetzlichen bzw. rechtlichen Grundlagen ist zu sagen, daß eine Art Raumordnungsgesetz bis heute in der UdSSR nicht existiert. Es würde wohl auch erst dann kodifiziert werden, wenn weitergehende organisatorische Umgestaltungen zugunsten der regionalen Exekutiven und Planungsträger erfolgt wären. Ein Raumordnungsgesetz heute müßte ebenso eine Fülle von leerformelhaften Zielen enthalten, wie sie im Raumordnungsgesetz der Bundesrepublik Deutschland zu finden sind. Die Rechte der Regionalorgane (d.h. der Organe unterhalb der Republiksebene) wurden in den letzten Jahren sukzessiv erweitert und sind mit Gesetz vom 25.6.1980 kodifiziert worden [7]). Inwieweit die Regionalorgane aber wirklich an Einfluß gewinnen werden und zur Rationalisierung der gesamten Wirtschaftsplanung und Wirtschaftsstruktur beitragen können, hängt davon ab, was ihnen an finanziellen und sachlichen Ressourcen und an Sanktionsmacht wirklich zuwachsen wird. Hier sind Zweifel angebracht.

IV. Ziele [8])

Bei den marxistischen Klassikern (insbes. *Engels*) ist das stark ausgeprägte Verteilungsdenken als „Negation" zum regional stark konzentrierten Wachstum des Frühkapitalismus zu sehen. Verteilungsdenken ist gerechtigkeitspolitisch und wachstumspolitisch bestimmt. Traditionell hat in der faktischen sowjetischen Regionalpolitik die Wachstumszielsetzung eine primäre Rolle gespielt. Die nachholende Industrialisierung und der spätere Wachstumswettlauf mit dem Westen ließen originären ausgleichspolitischen Zielen nur einen begrenzten Raum. Wenn das verteilungspolitische Bild in regionaler Hinsicht dennoch nicht schlecht aussieht (Indikatoren Pro-Kopf-Einkommen und/oder Familieneinkommen) so ist das vor allem eine Folge der zentralen Lohntarifierung. Wählt man Sozialindikatoren der Versorgung (bestimmte Konsumgüter, sozial-kulturelle Infrastruktur), ist die regionale Verteilung wesentlich ungleichmäßiger. Auch in Zukunft wird die Wachstumszielsetzung in dr sowjetischen Regionalpolitik eine primäre Rolle spielen müssen. Zwar wird in der UdSSR die Wachstums-Bedeutung

---

[6]) Eine Ausnahme bilden Schulabsolventen sowie Partei- und Komsomol-Mitglieder.

[7]) Vgl. Sovetskaja Rossija 26. 6. 1980, S. 3 f.

[8]) Vgl. *H.-E. Gramatzki*, Regionale Wirtschaftsplanung in der UdSSR. In: Regionalpolitik und Agrarpolitik in Europa, Beihefte der Konjunkturpolitik, Heft 22, Berlin 1975, S. 91 f.

konsumtiver und sozial-kultureller Leistungen im Kontext regionalpolitischer Erörterungen zunehmend betont, aber die gesamtwirtschaftliche Wachstumsabschwächung, die ungünstige Entwicklung der Kapitalproduktivität, regionale Erschließungsaufgaben großen Maßstabs und ein steigender Kapitalbedarf für den Umweltschutz setzen hier harte Grenzen. Allerdings muß die Regionalstrategie der UdSSR insofern modifiziert werden, als die Politik des labour to capital stärker durch das capital to labour ersetzt werden muß (wo regional immobile Arbeitskräftereserven vorhanden sind) und stärkere Kapitalintensivierungen in arbeitskräftedefizitären Regionen erfahren. Gerade im Bereich der Regionalpolitik zeigt sich, daß in der UdSSR Investitionsplanung und Arbeitskräfteplanung bislang nur unzureichend aufeinander abgestimmt sind. Die regionale bzw. interregionale Steuerung der Arbeirskräfte wird u.a. dadurch erschwert, daß bis heute eine zentrale Arbeitsverwaltung in der UdSSR fehlt, und die Stabilisierung regionaler Arbeitsmärkte ist dadurch schwierig, daß zwar Einkommensanreize gegeben werden, es den Unternehmen aber nicht gestattet wird, bei den regionalen Einkommensdifferenzierungen Feineinstellungen vorzunehmen. Eindeutig nach vorn gerückt im regionalpolitischen Zielsystem der UdSSR sind ökologische Ziele [9]. Die Verknappung und Verteuerung natürlicher Ressourcen ist u.a. durch einen Raubbau an der Natur entstanden (unzureichende Verwertung der Komponenten mineralischer Ressourcen, Verschwendung wertvollen landwirtschaftlichen Bodens, unzureichende Rekultivierungen u.a.m.). Die regionalpolitisch zunehmende Bedeutung ökologischer Ziele zeigt sich vor allem bei den Erschließungsaufgaben im hohen Norden, der ökologisch extrem anfällig ist und wo Schäden entweder gar nicht oder erst nach langer Zeit wieder zu beseitigen sind. Eine regional differenzierte Bewertung und Bepreisung von natürlichen Ressourcen wird in der UdSSR eine immer vordringlichere Aufgabe.

Die Operationalisierung der sowjetischen regionalpolitischen Ziele muß insbesondere im Hinblick auf folgende Problembereiche geleistet werden: 1) regionale Entwicklungs- und Erschließungsaufgaben (Norden, Osten, Süden), 2) planmäßige Entwicklung der Siedlungsstruktur (Agglomerationszentren und Neuordnung ländlicher Gebiete), 3) „Sanierung" von Industrie- und Agrarregionen und 4) beschäftigungspolitische Aufgaben bei Regionen mit extrem starkem Bevölkerungswachstum (insbes. Zentralasien). Nach wie vor stehen Erschließungsaufgaben im Zentrum der sowjetischen Regionalpolitik. Eine planmäßige Steuerung des Wachstums der Ballungszentren ist bislang nur bedingt gelungen. Ansiedlungsverbote und Zuzugsbeschränkungen waren nur bedingt wirksam. Sanierungsprobleme spielten bislang keine zentrale Rolle, in einigen Agrarregionen beginnen sich aber „soziale Erosionen" zu zeigen. Das Problem bei den demographisch dynamischen Regionen besteht darin, daß gerade dort die Arbeitskräfte sehr immobil sind.

Ein in der sowjetischen Ideologie seit jeher stark herausgestrichenes Ziel der Regionalpolitik ist das der Annäherung von Staat und Land, das dem verteilungspolitischen Bereich zuzuordnen ist. Das entscheidende Zwischenglied zwischen urbanem und ländlichem Leben stellen die Klein- und Mittelstädte dar. Gerade sie sind in der UdSSR aber lange Zeit vernachlässigt worden und haben erst stärker im Zuge zunehmender Arbeitskräfteverknappung an Bedeutung gewonnen. Einige Republiken scheinen auch Vorstellungen zentralörtlicher Art in ihre regionale Strukturpolitik einzubeziehen.

V. Instrumente

Bei dem Instrumentarium der sowjetischen Regionalpolitik ist zu unterscheiden zwischen planungstechnischen Instrumenten wie z.B. regionalökonomischen Indikatoren, Input-Output-Tabellen etc. und regionalpolitischen Instrumenten. Das System der sowjetischen Wirtschaftsrechnung bedarf einer Ergänzung durch regionale ökonomische und soziale Indikatoren (Kennziffern). Ohne diese Konkretisierung regionaler (regionalpolitischer) Ziele muß die Forderung nach Komplexität der Planung leerformelhaft bleiben. Es sind in den letzten 10 Jahren schon beträchtliche Verbesserungen der Wirtschafsrechnung erfolgt. So konnte durch regionale Input-Output-Tabellen die Regionalstatistik verbessert und auch ein Einblick in intra- und interregionale Strukturen gewonnen werden. Auf der Basis dieser Strukturanalysen konnte eine Rationalisierung der regionalen Arbeitsteilung durchgeführt werden. Ein großes Problem für Regionalanalysen und vor allem für regionale Optimierungsrechnung ergibt sich aber nach wie vor aus dem sowjetischen Preissystem, welches im Regelfall aus Kostenpreisen besteht (und nicht aus Knappheitspreisen) und daneben immer noch „politische" Preise enthält. Außerdem wurden – regionalpolitisch wichtig – natürliche Ressourcen in der Vergangenheit nicht oder nicht hinreichend oder nicht nach Nutzen, sondern nach inkorporierten Kosten bewertet. Außerdem entstehen für das einheitliche sowjetische Preissystem große Probleme durch die extremen regionalen Kostenunterschiede.

Eine Klassifizierung der gesamten regionalpolitischen Mittel in „Zwangsmittel" und „Anreizmittel" – wie sie aus der westlichen Literatur geläufig ist – ist nur bedingt geeignet. Zentrales Steuerungsinstrument sind natürlich die Investitionen in die Infrastruktur und die „Superstruktur". Nur gibt es infolge unzureichender regionaler Konkretisierung bzw. Disaggregierung der volkswirtschaftlichen und sektoralen Pläne hier eben viel weniger direkte/direktivische/befehlende Planung, was sich widerspiegelt in teilweise extremen regionalen Planuntererfüllungen. Man steckt hier in dem Dilemma, daß eine umfassende direktivische Ausgestaltung in regionaler Hinsicht die jetzt schon kaum zu leistende Planungsaufgabe noch komplexer und komplizierter gestalten würde. Will man das aber nicht, müßte man stärker mit Anreizmitteln (wofür in der UdSSR im wesentlichen der Begriff „ökonomische Hebel" verwendet wird) arbeiten. Man müßte die Industrieministerien und ihre

---

[9] Wie das Buch von *Boris Komarov*, Das große Sterben am Baikalsee (Übersetzung aus dem Russischen) Reinbeck 1979, zeigt, steht die UdSSR vor einer Fülle ökologischer Probleme und einem Gegensatz zwischen Ökonomie und Ökologie, welcher den Marktwirtschaften wohl vertraut ist. Droht man in Marktwirtschaften primär mit dem Verlust von Arbeitsplätzen, so droht man in der UdSSR primär mit der Gefahr der Planuntererfüllung. *Komerovs* Buch zeigt, daß die mächtige Bürokratie der Wirtschaftsplanung und Wirtschaftsverwaltung vorläufig dominiert.

Unternehmen „interessieren", die Investitionen in den Regionen zu tätigen, wo sie nach dem Willen der Politiker und Planer getätigt werden sollen. Einfach wäre solch ein Anreizsystem bestimmt nicht, aber es gibt einfach keine Alternative. Und es wird ja schon mit Anreizinstrumenten gearbeitet. Das anreizpolitische Instrumentarium der sowjetischen Regionalpolitik ist bislang jedoch wenig entwickelt. Das liegt einerseits daran, daß global zwar der Bereich Arbeit in starkem Maße marktmäßig reguliert, der Kapitalbereich aber zentralimperativ gesteuert wird (womit Investitionszuschüsse als Anreiz bislang ausscheiden) und andererseits an der schwachen finanziellen Ausstattung der regionalen Organe. Das nimmt ihnen die Möglichkeit, durch eventuelle Investitionsbeteiligungen an sektoralen Aktivitäten diese stärker nach regionalpolitischen Vorstellungen steuern zu können. So ist das heutige Anreizinstrumentarium nahezu allein auf den Faktor Arbeit ausgerichtet, wobei Einkommensanreize dominieren, das System aber allmählich diversifiziert wird, indem durch zusätzliche Sozialleistungen (längerer Urlaub, frühere Pensionierung u.a.m.) Arbeitskräfte gewonnen oder gehalten werden sollen. Eine noch stärkere Differenzierung der Einkommen entsprechend der Dauer der Tätigkeit in peripheren Regionen wird gefordert und zum Teil auch schon realisiert. Bei speziellen regionalpolitischen Vorhaben von hoher volkswirtschaftlicher Priorität wird den Beschäftigten ihr Arbeitsplatz in ihren Heimatregionen garantiert.

Instrument der Produktionsstruktur- und Infrastrukturpolitik und -planung sind die Territorialen Produktionskomplexe (TPK). Die TPK sind das Instrument, auf das die sowjetischen Politiker und Planer am stärksten setzen, wenn es um die Verwirklichung des Ziels der „Einheit von Sektoral- und Regionalplanung" geht. Isolierte sektorale und regionale Aktivitäten sollen durch TPK gekoppelt und räumlich gebündelt werden und dadurch Kostenersparnisse bei Böden, Kapital („produktiver" wie infrastruktureller Art) und laufenden Kosten erzielt werden. Daneben wird darauf abgezielt, nach Fertigstellung der TPK einheitliche Leitungen zu etablieren, was aber bislang im sektoral dominierten System schwer zu realisieren ist. Die TPK sind Wachstumspole, d.h. rein funktionale Pole ohne ausgleichspolitische Zielsetzungen; es handelt sich primär um Standorte bzw. Wirtschaftsgebiete von Entwicklungsregionen in der Nähe bestimmter natürlicher Ressourcen. So soll z.B. das Gebiet um die neue sibirische Eisenbahnlinie, die Baikal–Amur–Magistrale (BAM) acht TPK erhalten. Der TPK ist ein technisch-industriell dominiertes Strukturgebilde, aber kaum ein Konzept zur planmäßigen Gestaltung von Agglomerationszentren mit starkem tertiären Sektor. Sie sind insofern auch nicht eingebunden in eine hierarchische Ordnung von regionalen Entwicklungszentren.

VI. Raumforschung

Die sowjetische Raumforschung war lange Zeit auf einem niedrigen Niveau, da sie in der Stalinära die Bücher vor allem mit ideologischen Darlegungen und Polemiken gegenüber der westlichen Standorttheorie füllte. Diese lange Phase theoretischer Enthaltsamkeit macht sich bis heute bemerkbar, vor allem im Bereich der Theorie der regionalen Wirtschaftspolitik. Wenn westliche Theorie rezipiert wurde (*W. Isards* Methods of Regional Analysis wurde 1966 ins Russische übersetzt), dann stärker von der mathematisch ausgerichteten Raumforschung, die inzwischen eine Fülle von Arbeiten zur regionalen Input-Output-Analyse und zu Optimierungsproblemen (u.a. von TPK) vorgelegt hat und offensichtlich — ungeachtet partieller Anwendungen ihrer Forschung — Probleme mit der Umsetzung ihrer Forschungsergebnisse hat. Die Kluft zwischen der Raumforschung und der Regionalpolitik dürfte in der UdSSR mindestens ebenso groß sein wie in westlichen Ländern.

VII. Zusammenfassung

Zusammenfassend kann man sagen, daß es in der Regionalpolitik/Raumplanung der UdSSR noch folgende Hauptprobleme gibt:

– Fehlen gesetzlicher Regelungen
– Fehlen institutioneller Voraussetzungen (schwache Makroregionen, generell zu kleine Planungsapparate für den Bereich der Raumplanung, Fehlen einer hierarchischen Raumplanung)
– Fehlen von Planindikatoren
– ungenügend ausgebildetes Anreizinstrumentarium
– Überzentralisierung der Entscheidungen
– Dominanz des Sektoralprinzips.

**Beiträge
der Akademie für Raumforschung und Landesplanung**

Band 26: Viktor Freiherr von Malchus

Landesplanerische und regionalpolitische Bemühungen der Arbeitsgemeinschaft Europäischer Grenzregionen (AGEG)

Aus dem Inhalt:

I.	Zur Überwindung der Probleme in den Grenzregionen	1
II.	Gründung der Arbeitsgemeinschaft Europäischer Grenzregionen 1971 und erste Aktivitäten der AGEG	3
III.	Größere Aktionen der Arbeitsgemeinschaft Europäischer Grenzregionen (AGEG) bis 1976	9
IV.	Organisatorische Straffung der AGEG 1976/77	19
V.	Neuere Maßnahmen zur Durchsetzung der Ziele der AGEG	21
VI.	Zielsetzung und Tätigkeit der Beiräte der AGEG	40
VII.	Kurze Zusammenfassung und Ausblick	45
	Anhang	60

Der gesamte Band umfaßt 67 Seiten; Format DIN A 4; 1978; Preis 12,– DM.

Auslieferung

HERMANN SCHROEDEL VERLAG KG · HANNOVER

Beiträge
der Akademie für Raumforschung und Landesplanung

Band 37: Matjaž Jeršič / Milan Naprudnik

Raumplanung in der Sozialistischen Republik Slowenien

Aus dem Inhalt:

1.	Entwicklung der Planung im Selbstverwaltungssystem des sozialistischen Jugoslawien	1
1.1	Planung als historische Notwendigkeit	1
1.2	Gesellschaftliche Entwicklung in der Sozialistischen Bundesrepublik Jugoslawien	2
1.3	Die Grundcharakteristiken der Planungsentwicklung	4
2.	Raumplanung in der SR Slowenien	6
2.1	Die Entwicklungsmerkmale der Raumplanung in der SR Slowenien	6
2.2	Bisherige Ergebnisse der Raumplanung auf dem Gebiet der SR Slowenien	7
2.3	Kritische Gedanken über die bisherige Arbeit	10
3.	Das Selbstverwaltungssystem der Planung in Jugoslawien nach 1976	12
3.1	Grundlagen des Systems der gesellschaftlichen Planung in Jugoslawien	12
3.2	Planungsdokumente	16
4.	Das Verfahren der Vorbereitung, der Annahme sowie der Inhalte der Raumpläne der gesellschaftspolitischen Gemeinschaften in der SR Slowenien	17
5.	Die Konzeption der Raumentwicklung der SR Slowenien	22
5.1	Stand und Tendenzen der Entwicklung	22
5.2	Die Hauptkonzeptionen der Entwicklung bis zum Jahr 2000	30
6.	Schlußfolgerung	47
	Literaturverzeichnis	49

Der gesamte Band umfaßt 49 Seiten; Format DIN A 4; 1980; Preis 15,– DM

Auslieferung

HERMANN SCHROEDEL VERLAG KG · HANNOVER